# Mémoire à consulter sur un système religieux et politique, tendant à renverser la religion, la société et le trone; par le comte de Montlosier

Reynaud de Montlosier, François Dominique, comte de, 1755-1838

Portrait — Frontispiece

# MÉMOIRE

## A CONSULTER.

*Cet Ouvrage se trouve aussi*

CHEZ ROSIER, LIBRAIRE,

RUE GRENELLE-SAINT-HONORÉ, N° 7

IMPRIMERIE DE J. TASTU,

RUE DE VAUGIRARD, N° 36.

# MÉMOIRE

## à consulter

### SUR UN SYSTEME RELIGIEUX ET POLITIQUE,

#### TENDANT A RENVERSER

## LA RELIGION, LA SOCIÉTÉ

### ET LE TRONE,

#### PAR

## M. LE COMTE DE MONTLOSIER.

### Septième Édition

REVUE, CORRIGÉE, AUGMENTÉE ET ORNÉE
DU PORTRAIT DE L'AUTEUR.

✳

Multa dies variusque labor mutabilis ævi
Rettulit in melius, multos alterna revisens
Lusit, et in solido rursus fortuna locavit
VIRGIL

✳

## PARIS

### AMBROISE DUPONT ET RORET, LIBRAIRES,

Rue Vivienne, n 16, en face de la rue Colbert

### MOUTARDIER, LIBRAIRE,

RUE CIT-LE-COEUR, N 4

✳

## 1826

# AVIS DES ÉDITEURS.

—

LES *éditions*, ou pour mieux dire les *tirages* du MÉMOIRE A CONSULTER se succédant sans interruption afin de satisfaire l'impatience du public, M. le comte de Montlosier n'avait pas eu encore la possibilité de revoir son livre. Ce n'est qu'à la *septième édition* que des additions et changemens importans ont pu être faits.

Nous avons obtenu de M. le comte de Montlosier la permission de reproduire ses traits et d'en orner son ouvrage. M. N. Maurin, que son talent a placé aux premiers rangs de nos artistes, a été chargé de ce travail. Nous y avons ajouté la signature en *fac-simile* de l'auteur du *Mémoire à consulter.*

Le prix du volume n'a pas été augmenté.

J. TASTU, *imprimeur.*

Ambroise DUPONT, *libraire.*

Paris, 25 avril 1826.

# MÉMOIRE

A CONSULTER

SUR UN SYSTÈME RELIGIEUX ET POLITIQUE,

TENDANT A RENVERSER

## LA RELIGION, LA SOCIÉTÉ

### ET LE TRONE.

———◦◦◦———

## INTRODUCTION.

UN vaste système, tranchons le mot, une vaste conspiration contre la religion, contre le Roi, contre la société, s'est élevée. Je l'ai aperçue à son origine, je l'ai suivie dans ses progrès, je la vois au moment de nous couvrir de ruines. Cette situation m'étant connue, selon ma conscience je dois la combattre ; selon nos lois je dois la révéler.

Toutefois, pour combattre, comme il faut

des armes ; pour révéler, comme il faut exposer et faire comprendre, sur ces deux
points je me trouve également embarrassé.

Et d'abord, à ce mot de conspiration, on
me demande si j'ai connaissance de quelque
trame d'un prince étranger, méditant de
s'emparer de la France ou d'une partie de
son territoire ; on me demande si j'ai connaissance, contre la personne de nos princes,
de quelque projet sinistre au dehors du palais
ou au dedans.

Rien de tout cela. En même temps que la
conspiration que j'ai à dénoncer est effrayante
par ses progrès, elle est toute nouvelle par
son caractère. Les trames de cette espèce
sont ourdies, en général, par des hommes
pervers avec des moyens pervers ; celle que
je désigne est ourdie par des hommes saints,
au milieu des choses saintes. Quel succès
puis-je espérer ! C'est la vertu que je vais
accuser de crime, c'est la piété que je vais
montrer nous menant à l'irréligion, c'est la
fidélité que j'accuserai de nous conduire à la
révolte. Et alors, comme dans la liste de mes
conjurés, on pourra voir le premier personnage de la chrétienté, celui que tout le monde

appelle *Sa Sainteté*, et qui est en effet la
sainteté même; comme il sera question d'un
ordre religieux qui a pu, dit-on, autrefois,
commettre des fautes, mais qui est venu
de lui-même se rétablir en France à l'effet
de les réparer; comme il sera question d'une
ligue pieuse, formée dans nos mauvais temps
pour la défense de l'autel et du trône, et qui
aujourd'hui ne persiste à se maintenir que
dans le dessein de les conserver; comme il
sera question d'un grand nombre de prélats
et de bons prêtres, dignes confesseurs de la
foi dans les temps révolutionnaires, et prêts
encore à verser leur sang pour elle, on ne
sait quel nom donner à mon entreprise; on
me demande si, au lieu d'une conspiration
contre la religion, contre le Roi, contre la
société, ce n'est pas plutôt une conspiration
en leur faveur que je veux signaler.

Ici même on aperçoit un point important
de la cause. Il faut examiner si, dans un
état social régulier, il est permis à une col-
lection particulière de citoyens de s'incor-
porer, de s'enrégimenter, de se combiner et
de composer entre eux, sans l'autorisation
de l'État, des règles, des signes de recon-

1*

naissance, des points de ralliement pour une cause pieuse quelle qu'elle puisse être. Quand cette question soumise à MM. les jurisconsultes aura été décidée par eux en principe. ils auront à rechercher, d'après les lois actuelles de l'État, ce qui est ou ce qui n'est pas licite en ce genre.

Relativement à la sainteté des pontifes, si nous nous en rapportons aux documens de l'histoire, on peut douter qu'elle ait toujours été à l'abri d'attentats sur la domination de nos rois. Au temps présent, nous verrons s'il n'y a pas déjà par la doctrine des tentatives commencées; que dis-je ! des formules toutes dressées.

En ce qui concerne un certain ordre religieux, il faudra voir si, à raison de la situation actuelle de la France, il peut être souffert parmi nous; si, par sa nature, il peut être toléré chez aucun peuple. Il faudra voir surtout si, à raison des anciennes lois qui l'ont abrogé, ce n'est pas un scandale que l'audace avec laquelle il est venu se rétablir.

Enfin, à l'égard de ces bons prêtres, objet de mon respect, et que je vais pourtant ac-

cuser fortement, il ne s'agit pas de savoir
s'ils ont la pensée d'une infidélité envers
l'État et envers le Roi : jugés sur la question
intentionnelle non-seulement on les absou-
drait, peut-être même on leur décernerait des
couronnes. Toutefois il s'agit de savoir si les
actes qu'ils se permettent, si la ligne sur laquelle ils se dirigent, ne conduisent pas la
religion et la France à sa perte.

Si les jurisconsultes de France à qui cet
écrit est adressé adoptent cette crainte, mon
dessein, quelles qu'en puissent être les suites,
est arrêté. Pendant quarante ans de ma vie
je n'ai cessé de combattre des opinions
populaires toutes couvertes du sang de
Louis XVI et de Charles I<sup>er</sup>. Je ne ferai pas
plus de grâce à une opinion religieuse éga-
rée, couverte du sang d'Henri IV et d'Henri III. Royalistes fidèles, nous pûmes suc-
comber en 1789 ; la révolution avait emporté
avec la monarchie les magistrats et les lois.
Aujourd'hui que la monarchie est rétablie,
aujourd'hui que les magistrats et les lois
veillent auprès du souverain, succomberons-
nous de même ?

Au milieu de ces pensées, deux arrêts

de la Cour royale de Paris ont pu un
moment ranimer les courages et donner
des espérances. Malheureusement, par le
peu de traces qu'ils ont laissées, par le spectacle qu'ils ont présenté, par les intrigues
qu'ils ont mises à découvert, ils ont donné
lieu à de nouvelles inquiétudes. Il faut con-
naitre à ce sujet le plan qui a été conçu.

Ceux qui nous ont donné les congrégations, les jésuites, l'ultramontanisme et la
domination des prêtres, ont imaginé, comme
une chose merveilleuse, de commander pour
ces inventions le même respect que pour la
religion. Cette ineptie exploitée avec beaucoup de talent a obtenu ses fins; il en est
résulté que pour une grande partie de la
France religieuse, la religion et les congrégations, la religion et les jésuites, la religion
et l'ultramontanisme, la religion et les refus
de sépulture ont été une seule et même
chose : dès-lors, ce qui restait d'impiété en
France a conçu des espérances; de tous côtés elle s'est mise en mouvement : deux
journaux ont été accusés de la seconder.

Je m'expliquerai franchement sur ces
journaux. Je ne les appellerai pas *révolu-*

*tionnaires :* j'ai eu ce tort-là une fois ; j'accepte à cet égard la réprimande qu'ils m'ont faite, et je les en remercie. Mais il n'en est pas moins vrai qu'habitués depuis long-temps à se rendre les interprètes des opinions ainsi que des intérêts émanés de la révolution, leurs attaques contre le *système* actuel passaient d'autant mieux pour des attaques irréligieuses, que, d'un côté, l'ancienne couleur de ces feuilles donnait des soupçons, et que, d'un autre côté, le *système* était présenté comme la religion même.

Dans cette position, où la religion placée dans les jésuites était si facilement attaquée, les chefs du *système* ont été justement effrayés. Obstinés à tenir ensemble leurs jésuites et la religion, ils se sont mis à noter jour par jour, dans les journaux, les inconvenances qui pouvaient échapper, et ils en ont fait une masse pour un procès de tendance : procès dont l'objet le plus apparent était sans doute le maintien du respect pour la religion, mais dont l'objet, beaucoup plus important peut-être, était le maintien de leur système.

L'artifice de cette combinaison n'a point

échappé au public. S'il a soupçonné que dans les attaques de deux journaux contre l'ultra-montanisme et contre les jésuites, il entrait quelque intention irréligieuse, il a vu encore mieux dans la défense de M. Bellart et de M. de Broë, en faveur de la religion, un intérêt plus sérieux en faveur des jésuites et de la souveraineté du pape. Tout arrêt contre les deux journaux était d'avance interprété dans ce sens.

Entre ces mensonges vernissés d'un peu de vérité, la Cour royale qui ne voulait ni abandonner la religion, ni adopter les jésuites, a pu se trouver embarrassée. Elle a commencé, dans l'intérêt de la religion, par semoncer les journaux pour leur manque de respect envers les choses saintes; mais en même temps elle a ouvert le sépulcre où se tenaient cachés les véritables objets de la cause. Elle a mis au grand jour les scandales que le ministère public tenait dans l'ombre, tandis qu'il produisait avec éclat des inconvenances et des imprudences.

Sans doute ces deux arrêts ont de l'importance; sans doute ils ont rassuré à beaucoup d'égards nos consciences ainsi que nos vieilles fidélités. Cependant, comme ils n'ont fait que signaler les désordres au lieu de les poursuivre, le scandale d'impunité qu'ils ont proclamé est venu s'ajouter aux autres scandales. Avant les arrêts, je me proposais de dénoncer les délits; point du tout, c'est la Cour royale qui les dénonce, et elle se contente de les dénoncer. Les magistrats connaissent les lois, puisqu'ils les invoquent; les délits, puisqu'ils les signalent; et cependant les délits continuent à subsister au milieu des lois qui les frappent et des magistrats qui les accusent.

Cette situation qui révèle une singulière constitution sociale, révèle en même temps de nouveaux coupables et de nouveaux délits. Au milieu de ses difficultés, Rome fut un jour très-heureuse. Il s'ouvre dans ses campagnes un gouffre où un citoyen peut se précipiter pour la sauver. Messieurs les jurisconsultes, où est le gouffre? Au milieu de nos dangers, où sont les moyens de salut? Que peut-on faire avec des lois qui n'ont point de parole et des magistrats qui n'ont point d'action? Quelle est cette puissance mystérieuse qui plane sur nos lois pour les

faire taire, sur nos magistrats pour les para-
lyser? L'imagination s'étonne et demeure
en suspens.

Dans cette situation, n'existe-t-il, comme
on le dit, d'autres ressources que la liberté
de la presse et le droit de pétition? Si, par
la nature même du mal, les avenues de l'o-
pinion sont de tous côtés circonvenues; si,
par la même raison, les deux chambres sont
prévenues et comme barricadées, quelle
autre ressource reste-t-il que celle des moyens
juridiques? Dans le fait, comme les calamités
que je dénonce ne sont point des nouveautés, comme je n'ai point à appeler à leur
égard de la part du législateur des dispositions nouvelles; en un mot, comme ce sont
des délits, c'est-à-dire des infractions à des
lois établies, c'est manifestement la voie ju-
diciaire qui me paraît ouverte.

Cette première solution fixée, comme depuis long-temps les délits que j'accuse ne
sont, de la part des magistrats, l'objet d'aucune attention, et que quelquefois on pourrait croire qu'ils sont vus par le gouvernement avec complaisance; d'un autre côté,
comme les delinquans, loin de figurer

dans un ordre de personnes que peut at-
teindre la déconsidération, sont placés au
contraire dans un rang éminent, il pourrait
s'établir dans l'opinion, que des lois faites
pour d'autres circonstances et d'autres temps
sont aujourd'hui sans application et sans
valeur; d'où l'on conclurait que sans les
abroger positivement, il est permis de
continuer à les laisser tomber en désuétude.

Il m'importe d'effacer cette impression.
Après avoir montré comment, pendant un
certain laps de temps, ces lois n'ont pu être
susceptibles d'exécution, je montrerai comment, au temps présent, ce que j'ai appelé
calamité mérite réellement ce nom, et
comment se trouve menacée par-là la
France religieuse et sociale.

En ce point, obligé de toucher à l'ordre
religieux pour en élaguer des rameaux
vénéneux ou parasites, j'ai à craindre par
une censure, qui quelquefois devra être
forte, d'affaiblir le respect qui lui appartient.
Pour éviter cet inconvénient, il m'a paru
indispensable de montrer en opposition au
mauvais esprit que j'aurai signalé, le véri-

table esprit du christianisme, ainsi que le véritable caractère du prêtre.

Dans cette part diverse que j'aurai à distribuer d'accusation et d'excuse, de dureté et de ménagement, on ne croira pas, j'espère, que les excuses et les ménagemens soient de ma part une simple précaution oratoire. Ce soin de respect m'est commandé par l'équité envers les ministres de la religion, ainsi qu'envers les dépositaires de l'autorité; il m'est commandé de même envers les magistrats des Cours royales ainsi qu'envers le ministère public.

A l'égard de celui-ci, il serait rigoureux de dire que formant autrefois un office, aujourd'hui une simple commission, il n'a plus la même énergie pour ses devoirs. Les anciens procureurs-généraux ainsi que les anciens conseillers au parlement qui avaient des offices inamovibles, n'en étaient pas moins accessibles aux rigueurs de l'autorité. Envoyés par des lettres de cachet à la Bastille ou en exil, ils ont su opposer, quand il a fallu, une résistance que leur devoir prescrivait.

J'aime à croire qu'il en serait de même

aujourd'hui. La négligence du ministère public relativement aux délits que j'ai signalés, me paraît provenir d'une autre cause Il peut croire que des infractions qui ont commencé dans des temps de crise méritent encore aujourd'hui de l'indulgence, surtout quand il voit au haut de l'État, où se trouve le plus grand danger, ce danger traité avec indifférence, quelquefois avec faveur.

Par-là je suis ramené naturellement à l'état singulier de la France et aux vicissitudes par lesquelles elle y est arrivée.

La révolution ayant d'abord détruit la tête, puis ravagé tout l'intérieur de notre organisation, il en est résulté comme un grand espace vacant qui a été offert au premier occupant. C'est d'abord le bas peuple en masse, sous le nom de sans-culotte ; ensuite les hommes de la profession des armes, ensuite la classe moyenne. Cette situation ayant excité les espérances du clergé, il s'y est porté en masse avec ses jésuites, ses ultramontains, ses congréganistes Nous sommes arrivés ainsi, après beaucoup d'autres souverainetés, à la souveraineté des prêtres.

Constamment fidèle à la véritable et légitime souveraineté, je combattrai aujourd'hui
celle des prêtres, comme j'ai combattu
celles qui l'ont précédée. En remplissant
cette nouvelle mission, je n'ignore pas que
de nouvelles traverses m'attendent. Je ne
les appelle pas; je ne les repousse pas. Ce
sera le complément d'une vie qui a été
peu heureuse. Je pourrais bien dire ici,
si je voulais, que mon opposition, loin
d'être anti-religieuse, est toute favorable
à la religion; que loin d'être dirigée contre
les prêtres, elle est toute pour eux, et qu'ils
sont et qu'ils seront toujours, malgré leurs
écarts, l'objet de mes affections. Je pourrais
ajouter à l'égard du plus grand nombre que
je ne doute pas de leurs intentions. Ce
que je dirais ne les convaincrait ni ne
les apaiserait. Dans l'émigration, quand
j'écrivais contre M. d'Entraigue et M. Fer-
rand, je ne doutais pas de leur zèle, de
leur talent et de leurs intentions; je trou-
vais seulement qu'ils compromettaient la
cause qu'ils voulaient servir. Il en est de
même aujourd'hui des hommes qui, sous
une forme ou sous une autre, veulent intro-

duire la puissance spirituelle dans le gouvernement des choses civiles. Je repousse
leurs vues, en même temps que je leur ac-
corde mon respect.

Sur ce point, je dois prévenir ceux qui,
mus par d'autres sentimens que ceux que je
professe, seraient enclins à m'accorder leur
approbation, que je ne l'accepte pas du tout.
Au milieu des folies de Londres et de Coblentz, tourmenté dans mon existence et
dans celle de mes amis par les prôneurs de
ces folies, je n'en suis pas moins demeuré
attaché à leur sort, et à tout ce qu'il y avait
de noble dans leurs sentimens. Combien souvent alors et depuis, ne m'a-t-il pas été proposé de m'attacher à leurs adversaires? Combien de fois n'a-t-on pas osé me dire qu'ils
m'accueilleraient ? Cet accueil qui m'était
offert, je l'ai dédaigné. Ces émigrés qui me
repoussaient ont conservé mon affection. Il
en sera de même aujourd'hui. Ces prêtres
dont je combats les prétentions, ces prêtres
qui m'ont tant accusé et qui probablement
m'accuseront encore, continueront à avoir
mon respect. Ceux qui, par des principes de
révolution ou d'impiété, me donneront des

éloges, m'en verront attristé. Repoussé ainsi par des hommes qu'on chérit, accueilli par des hommes qu'on repousse, une telle vie n'est pas douce. Dieu me l'a faite ainsi. Dans peu, lorsqu'il lui aura plu de m'effacer de cette terre, si mes écrits subsistent encore, quelque âpre que soit leur composition, quelque peu de droit qu'ils aient à l'indulgence, on me pardonnera, j'espère; et peut-être aussi on me croira, car la mort a quelque chose qui demande grâce ; elle a aussi quelque chose qui donne de l'autorité.

# PREMIÈRE PARTIE.

## *FAITS.*

On a déjà pu voir que cet ouvrage comprend quatre parties. Dans la première, j'aurai à exposer nûment et simplement les faits. Dans la seconde, j'exposerai les dangers qui ressortent de ces faits et leurs fâcheuses conséquences. Dans une troisième partie, je rendrai compte du plan tel qu'il m'a été franchement détaillé par quatre des premiers et principaux fauteurs du *système;* je montrerai la futilité de leur apologie. Enfin dans ma quatrième partie, je traiterai des moyens qui existent, soit dans nos lois anciennes, soit dans nos lois nouvelles, à l'effet de combattre le *système* et d'en prévenir les effets.

Pour ce qui est de cette première partie, qui sera l'exposé des faits, elle contiendra, 1° les faits relatifs à la congrégation; 2° les faits relatifs aux jésuites; 3° les faits relatifs à l'ultramontanisme; 4° les faits relatifs à l'esprit d'envahissement des prêtres.

# CHAPITRE PREMIER.

## DE LA CONGRÉGATION.

La puissance mystérieuse qui, sous le nom de CONGRÉGATION, figure aujourd'hui sur la scène du monde, me paraît aussi confuse dans sa composition que dans son objet, dans son objet que dans son origine. Il m'est aussi difficile de dire avec précision ce qu'elle est, que de montrer au temps passé, comment elle s'est successivement formée, étendue, organisée. Je dis *organisée*, avec cette restriction que quelquefois son corps est entier ; et alors on y voit un tronc et des membres : d'autres fois une partie de ces membres s'en retire, il paraît comme mutilé. Le corps lui-même s'est composé de manière à pouvoir, quand cela lui convient, se dissiper comme une ombre : et alors on s'interroge, pour savoir s'il est vrai qu'il existe une congrégation.

Son objet n'est pas moins difficile à déterminer que sa nature ; ce sera, quand il le faudra, de simples réunions pieuses : vous aurez là des anges. Ce sera aussi quand on

voudra un sénat, une assemblée délibérante ;
vous aurez des sages ; enfin ce sera, quand
les circonstances le demanderont, un bon
foyer d'intrigue, d'espionnage et de déla-
tion : vous aurez des démons.

Un caractère aussi compliqué, et qui
échappe dès qu'on veut le saisir, décèle dans
les personnages dirigeans, non une habileté
du moment, une science individuelle, mais
un art profond perfectionné par d'anciennes
traditions. Il décèle le génie particulier d'un
corps vigoureusement constitué, et savam-
ment organisé. Il est facile par-là de découvrir ses connexions avec une société monastique célèbre dont je traiterai ultérieurement,
mais qu'il me suffit en ce moment d'indiquer,
parce que douée d'une organisation robuste,
dès qu'elle trouve un terrain qui lui est
propre, son instinct est de s'y étendre, tant
par ses racines que par ses rameaux, de
manière à l'envahir bientôt tout-à-fait.

On croit communément que c'est par son
enseignement que la société des jésuites est
parvenue à une grande importance ; l'enseignement y a sans doute contribué, mais
c'est bien plus par un système particulier

2.

d'affiliations : lequel peut lui être commun avec d'autres corps religieux, mais que nul autre n'a porté à ce point de perfection depuis Pythagore dont la domination couvrit l'Orient, jusqu'aux temps modernes, où de simples mendians ont trouvé le moyen, non-seulement de s'emparer de l'Europe, mais encore de porter au-delà des mers le joug tantôt fleuri, tantôt sanglant de leur domination.

Au dix-septième siècle, où les jésuites dominaient en Allemagne, à Naples, en Italie, ce fut au moyen des congrégations; en l'année 1604 expressément, la république de Gênes fut informée que les jésuites avaient établi des sodalités où l'on prenait diverses résolutions contraires au bien public, et où les confrères juraient de ne donner leurs voix dans l'élection des magistrats, qu'à ceux de la confrérie. Le Sénat fit aussitôt publier un édit portant défense à ceux qui étaient membres de ces sodalités de tenir aucune assemblée.

La France se couvrit de même de congrégations; il paraît certain que Louis XIV s'affilia. Les jésuites ne se contentèrent pas de la société; ils cherchèrent à s'emparer aussi de l'armée.

En l'année 1716, le gouvernement apprit que dans les différentes provinces, les jésuites s'appliquaient d'une manière particulière à gagner les soldats. Dans chaque régiment, ils avaient réussi à faire un certain nombre de prosélytes, auxquels ils prescrivaient des pratiques particulières de piété. Ces pratiques consistaient à réciter chaque jour des oraisons dont on distribuait des formules, et par lesquelles les soldats priaient pour la conservation de la religion et de l'État, qu'on avait eu soin de leur représenter comme étant dans un grand danger. Parmi les soldats prosélytes, les jésuites faisaient un choix de ceux qu'ils reconnaissaient comme plus dociles, pour en former une confrérie sous le nom de *Sacré cœur de Marie;* ceux-ci n'étaient admis qu'après avoir prononcé des vœux garans de leur fidélité. Ces vœux consistaient à promettre de défendre jusqu'à la mort la bulle *Unigenitus,* les droits du pape et le testament du feu roi.

Cette ligue, dans laquelle quelques évêques étaient entrés, ayant été découverte, le gouvernement fut embarrassé ; il craignit qu'en approfondissant juridiquement cette affaire, il n'en résultât, tant pour la religion que pour l'armée, un éclat fâcheux. Tout en s'efforçant de l'étouffer, il cherchait à dissimuler, lorsque tout-à-coup quarante soldats du régiment de Bretagne présentent à leur colonel un *placet* tendant à ce qu'il leur soit accordé les facilités nécessaires pour remplir leurs statuts. On apprit, par ces statuts, que dans les villes où ils se trouvaient en garnison, et même dans leur marche, les soldats affiliés devaient s'assembler dans un même lieu ; qu'ils avaient des chapelles particulières ; qu'ils formaient, avec un certain nombre de soldats des autres régimens, un même corps uni par des liens communs sous la direction des jésuites. Le mouvement extraordinaire qui eut lieu cette année dans les troupes, confirma ces informations ; il fit connaître que ces associations avaient gagné toute l'armée. Partout où il y avait des maisons de jésuites, les connexions des soldats avec ces maisons étaient remarquables ; là où il n'y en avait pas, comme les soldats associés se réunissaient d'eux-mêmes

dans des églises particulières au son de la
cloche, pour des exercices de piété, ces connexions et leurs principes furent faciles à
découvrir. Les choses étant à ce point, le
gouvernement crut devoir se prononcer. Il
défendit à toutes les troupes les associations ;
l'évêque de Poitiers, compromis dans ces
manœuvres, reçut une réprimande.

Ces précautions préservèrent l'armée. La
société n'en demeura pas moins infectée ;
c'est au point qu'en 1742, il y avait plus de
deux cents villes ou bourgs du royaume où
cette dévotion était en vigueur, et un peu
plus de sept cents institutions de cette espèce,
les unes sous l'invocation de la *Croix*, d'autres sous le nom du *Saint-Sacrement*, ou du
*Saint-Esclavage de la Mère de Dieu* ; dans
toutes il était recommandé, comme dans
celles d'aujourd'hui , *d'être soumis aux
princes et aux magistrats, et de faire toute
sorte de bonnes œuvres.*

Ces stipulations, peut-être réelles, peut-
être aussi de démonstration, n'empêchèrent
pas le parlement , toutes les chambres assemblées, de rendre, le 9 mai 1760, un arrêt
par lequel il supprima les congrégations.

Soit par ces dispositions, soit par l'effet de
la suppression des jésuites qui eut lieu deux
ans après, on pourrait croire que les associations de ce genre vont disparaître, elles
se conservent. On voit aujourd'hui dans les
Mémoires d'une dame célèbre [1], que long-
temps après cette époque, un ministre du
roi fut trouvé, à sa mort, revêtu des insignes
consacrés par les affiliations.

Je ne crois pas nécessaire de mentionner
le temps de la révolution. Il est probable
qu'alors les affiliations s'effacèrent ; elles re-
parurent bientôt. Sous Bonaparte, pendant
le consulat même, j'ai pu savoir qu'il lui
avait été présenté divers mémoires dans lesquels, sans parler des jésuites, on cherchait à établir qu'un bon système d'instruction publique ne pourrait avoir lieu en
France s'il n'était confié à une congrégation
religieuse : cette proposition ne l'effraya point.
Peu de temps après, sous la direction du
respectable M. Emery, supérieur général de
Saint-Sulpice [2], et sous la protection de M. le

[1] Voyez à la fin des pièces justificatives
[2] Saint-Sulpice est, comme on sait, une création
et une affiliation des jésuites

cardinal Fesch, il se forma, sans aucune opposition de la police, certaines assemblées religieuses dont l'objet était de se fortifier dans la piété; elles avaient par-là même de l'analogie avec les anciennes congrégations. En même temps, comme il commença à se montrer sous le nom de *Pères de la Foi* de véritables jésuites, ces deux institutions se trouvèrent en rapport. Quelques évêques, principalement une partie du clergé rebelle au nouveau concordat, et s'intitulant la Petite Église, vinrent se joindre à ces élémens, et les fortifièrent. Dès l'année 1808, sous la direction d'un jésuite connu, la congrégation fondée sous l'invocation de la Vierge ( dénomination qu'elle portait au temps de la Ligue) eut, comme la Ligue, ses chefs, ses officiers, son président.

Secondée par les événemens de la première restauration, la congrégation prit un grand essor. Le 20 mars ne l'affaiblit pas; au contraire il en anima le zèle; il lui donna surtout une couleur politique. C'est alors que se formèrent, soit avec les mouvemens du Midi, soit avec les Vendées partielles qui s'élevèrent, des liaisons qui ont subsisté depuis. La gravité des circonstances, le danger commun qui renforcèrent ces liaisons, renforcèrent par-là même les engagemens. Je ne puis dire si ces engagemens sont aujourd'hui pour toutes les catégories des vœux ou de simples promesses. J'ai quelques raisons de doute sur ce point. Au temps dont je parle, je suis assuré, qu'au moins pour les hauts grades, les engagemens étaient des sermens ; que ces sermens étaient d'obéissance passive, et qu'ils étaient reçus par des jésuites.

La seconde restauration opérée, la congrégation devait n'avoir plus d'action : c'est alors qu'elle en eut davantage.

Pendant tout le temps qui suivit l'ordonnance du 5 septembre, on doit se souvenir que le gouvernement, entraîné dans une direction anti-royaliste, s'approchait de plus en plus de la révolution. Chaque jour le péril devenait imminent. Dans cette extrémité où les plus grands efforts étaient devenus nécessaires, on s'appela de tous côtés, on s'excita, on se réunit. Dans toutes les villes du second et du troisième ordre, dans la capitale, à la cour, les affiliations se multiplièrent. Une

correspondance secrète fut organisée dans
toutes les parties de la France. Les postes
furent si bien distribués, que dans les provinces les plus éloignées, la congrégation
était informée de divers événemens qui
souvent n'étaient connus du gouvernement
et consignés dans le Moniteur que huit jours
après. Je ne puis douter de ce fait.

C'est alors que commence à se montrer ce
que la malveillance a appelé le *gouvernement
occulte :* dénomination fausse en tout point,
car, dans ce qu'on a appelé ainsi, il n'y eut
rien d'*occulte ;* il n'y eut pas surtout de gouvernement. Des étourdis, pour se donner
de l'importance, ont pu, dans leur correspondance particulière, donner à une réunion
habituelle auprès de l'héritier du trône, un
caractère qu'elle n'avait pas. Cette réunion
a formé, à ce que je crois, les premiers élémens d'un conseil qui, à la décadence du
feu roi et de son aveu, a participé en quelque sorte au gouvernement. En beaucoup
de cas, ce conseil a pu s'aider aussi du
zèle et des efforts de la congrégation. Voilà
dans l'ensemble de contes qui ont été faits,
ce que je puis reconnaitre de réalité.

Au surplus, l'assemblée de 1815, royaliste et religieuse, avait tellement décrédité, par ses bévues, les opinions royalistes et religieuses, que le zèle religieux et royaliste de la congrégation eut peu de faveur. D'un autre côté, l'ordonnance du 5 septembre qui survint, la loi du recrutement, celle des élections et tout un ensemble d'influences et de directions démocratiques, avaient tellement perverti l'opinion, qu'il n'y eut plus moyen d'entreprendre quelque chose avec la congrégation. C'est au point que, sans le secours d'une partie notable de bons et honorables plébéiens, de bons et honorables libéraux, le trône n'eût point été préservé. C'est en vain qu'au renouvellement intégral de l'assemblée de 1815, ainsi que dans les renouvellemens partiels des années suivantes, la congrégation mit ses forces en mouvement; on eut constamment de mauvaises élections, et par-là une continuation de mauvaises assemblées. La Providence a voulu que ce fût par une de ces mauvaises assemblées que l'ancienne loi des élections ait été détruite, et la monarchie remise à flot.

La nouvelle loi des élections était une grande victoire. La congrégation s'en empara. Elle en prit avantage pour rétablir de plus en plus les principes monarchiques. On a demandé à ce sujet si Louis XVIII en connaissait l'existence. Je puis répondre affirmativement. Un fonctionnaire public le consultant un jour sur l'emploi qu'il en pourrait faire pour son service : « Les corporations de cette espèce, lui répondit le monarque, sont excellentes pour abattre, incapables de créer. Faites au surplus ce que vous jugerez nécessaire. » On voit par-là qu'il ne faisait que la tolérer.

Les mouvemens de la congrégation ne pouvaient échapper à l'agent secret de la Sainte-Alliance ; il est à ma connaissance qu'un état détaillé de sa composition, de son organisation et de son objet avec le nom des principaux chefs dirigeans, fut envoyé aux diverses cours. On apprend par ce fait que pendant tout le temps de la crise que j'ai signalée, les puissances nos amies, effrayées comme nous de l'état de la France, ne s'étaient pas contentées des instructions ordinaires de leurs ministres. Tandis que les

ambassadeurs paradaient ostensiblement autour du trône, un agent particulier envoyait
régulièrement à la frontière des dépêches
qui, là, étaient transcrites à plusieurs copies,
pour être expédiées aux principales cours.

Avec un tel ensemble de circonstances et
le progrès continu de la congrégation, le
ministère Richelieu, Pasquier et de Serres,
qui avait succédé à celui de M. Decaze et
qui s'obstinait à se tenir dans une ligne sémi-
libérale, ne pouvait se conserver. Il hésita
un moment. Une nouvelle dissolution de la
chambre fut presque mise en délibération.
Il aima mieux se retirer que d'exposer la
France à de nouvelles commotions.

Ce fut l'époque de l'élévation de M. de
Villèle. Ce choix que la congrégation elle-
même avait sollicité ne fut pas long-temps
respecté. Au temps où sa prépondérance
n'était pas encore fixée, ce choix lui avait
paru une fortune. Quand sa prépondérance
fut assurée, ce choix lui parut insuffisant. Se
prévalant de quelques échecs éprouvés aux
chambres, la congrégation osa demander un
ministère nouveau.

Louis XVIII n'était plus. Son successeur,

qui, du vivant même du monarque, mais
avec son consentement, avait créé ce ministère, souffrait de s'en séparer. Comment
abandonner des serviteurs qui, dans de
mauvais temps, ont été dévoués et qui continuent à demeurer fidèles! J'ai lieu de croire
que des négociations furent ouvertes à l'effet
d'apaiser la congrégation. On imagina de
faire entrer tout à la fois le ministère dans la
congrégation et la congrégation dans le ministère. Déjà les postes, la police de Paris, sa
direction générale, avaient été données aux
affiliés. Il ne manquait plus que d'enrôler
les principaux ministres eux-mêmes. Je ne
puis ou je ne veux rien affirmer de positif.
Je sais seulement que les bruits les plus ri-
dicules en ce genre ont couru.

Il ne suffit pas à la congrégation de s'être
emparée des postes, des deux polices, et d'a-
voir en quelque sorte soumis le ministère;
sa dissémination dans toutes les parties du
royaume donna lieu à un nouveau système
de surveillance. L'espionnage était autrefois
un métier que l'argent commandait à la bassesse. Il fut commandé à la probité Par les
devoirs que la congrégation impose, on as-

sure qu'il est devenu comme de conscience. On est prêt à lui donner des lettres de noblesse.

Les classes inférieures de la société furent traitées à cet égard comme les classes supérieures. Au moyen d'une association dite de Saint-Joseph, tous les ouvriers sont aujourd'hui enrégimentés et disciplinés; il y a dans chaque quartier une espèce de centenier qui est un bourgeois considéré dans l'arrondissement. Le général en chef est M. l'abbé Loeven....., jésuite secret. Sous les auspices d'un grand personnage, il vient de se faire livrer le grand Commun de Versailles. Là il se propose de réunir comme dans un quartier-général huit à dix mille ouvriers des départemens. D'énormes dépenses ont déjà été faites pour mettre ce bâtiment en état de loger les enrégimentés. Après avoir peint en blanc rosé l'intérieur comme l'extérieur de ce vaste édifice, on en refait à neuf la toiture. Un million suffira à peine pour tout ce qu'on consent à faire au gré de M. l'abbé Loeven.....

En même temps que les ouvriers ont été disciplinés, on n'a pas négligé les marchands de vin. Quelques-uns d'entre eux ont été désignés pour donner leurs boissons à meilleur marché. Tout en s'enivrant, on a des formules faites de bons propos à tenir, ou de prières à réciter. Il n'y a pas jusqu'au placement des domestiques dont on a eu soin de s'emparer. J'ai vu à Paris des femmes de chambre et des laquais qui se disaient approuvés par la *congrégation*.

Les villages de la campagne, les officiers de la cour, la garde royale n'ont pu échapper à la congrégation. Il est à ma connaissance qu'un maréchal de France, après avoir sollicité long-temps pour son fils une place de sous-préfet, n'a pu finalement l'en investir que par la recommandation du curé de son village à un chef de la congrégation.

Je ne sais rien de positif sur la chambre des pairs. Pour la chambre des députés, au mois d'avril dernier, le public y comptait tantôt cent trente membres de la congrégation, tantôt cent cinquante. Un député, membre de la congrégation, que j'ai pu interroger, ne m'en a accusé que cent cinq. Depuis ce temps, on assure que le nombre a augmenté.

La congrégation peut présenter, selon les points sous lesquels on l'envisage, des aspects divers ; ses parties n'étant pas encore bien agencées, toutes ses connexions ne sont pas encore bien établies : c'est ce qui fait que certaines informations paraissent se contredire. Sous un rapport, les forces de la congrégation sont immenses, elles se composent d'abord du parti jésuitique dont le centre est à Rome, à l'école de Sapience. Après le parti jésuitique, un autre appui ardent de la congrégation est le parti ultramontain. A coté de celui-ci se tient un troisième parti, dont les nuances rapprochées à quelques égards ne sont pas tout-à-fait les mêmes. C'est ce qu'on peut appeler le parti *prêtre* [1]. Il est composé de ceux qui, à tout risque et à tout péril, veulent donner la société au sacerdoce. Pour ceux-là, la puissance du pape n'est pas en première

---

[1] Je sens ce que cette qualification peut avoir de fâcheux ; mais je l'explique assez, et il m'est difficile de la changer Qu'il soit bien entendu qu'elle ne porte en aucune manière sur le véritable et saint caractère du prêtre.

ligne : ils ne le considèrent que comme sub-
sidiaire. Ils sont prêts à abandonner quand
on voudra la doctrine de la suprématie de
Rome sur les rois, pourvu que les rois reconnaissent la leur. Ils signeront tout d'a-
bord le formulaire de 1682, si le Roi consent
à mettre la société dans leurs mains.

Tels sont les différens sols auxquels tient
par de fortes racines la congrégation. Elle
a de plus fortes racines encore dans les consciences par les sentimens religieux qu'elle
professe, et dans les opinions par ses doctrines royalistes ; elle en a surtout dans la
puissance civile et politique qui, presque
en entier, s'est composée selon ses directions.

Avec ces forces qui sont immenses, on
peut apercevoir des points de faiblesse : elle
résulte de ce que, composée d'une multitude
de partis qui tantôt se rapprochent, tantôt
se retirent, si quelquefois elle présente un
volume immense, quelquefois aussi elle est
réduite à n'être qu'une ombre. En effet, le
parti jésuitique, le parti ultramontain, le
parti prêtre ne marchent pas toujours ensemble. Le parti royaliste lui-même n'ayant

3.

pas les mêmes couleurs , la congrégation est sujette à perdre de grandes forces. Par exemple, si au milieu de nos événemens politiques elle vient à se jeter dans quelque voie aventureuse , le parti jésuitique qui , par-dessus tout, ne veut pas se compromettre, l'abandonnera. Il se conduira de même envers le parti ultramontain ; Montrouge signera quand on le pressera la déclaration de 1682 ; le parti ultramontain signera à son tour , si on le lui commande, l'abolition des jésuites : la congrégation en ferait autant, si elle y voyait sa convenance. Comme tous ces partis ont pour premier instinct celui de leur conservation , et pour premier objet celui de la domination, ils s'appuieront , se serviront , se desserviront , selon l'impression qu'ils recevront de l'un ou de l'autre de ces mobiles.

Toutefois, encore que ces élémens soient selon les événemens sujets à s'éloigner ou à se rapprocher, et ainsi à présenter un volume différent, comme la congrégation est toujours sous le même nom et que les additions ou soustractions qu'elle peut éprouver sont rarement aperçues, l'effet général reste à peu près le même. Le mouvement imprimé par un petit comité dirigeant composé de huit ou dix personnes, paraîtra dans le public avec le volume entier et toute l'autorité de la congrégation. C'est ainsi dans la révolution que des associations prenant le nom de comité de salut public, encore qu'elles fussent formées d'élémens opposés, remuaient la France et l'Europe par des arrêtés qui n'étaient émanés quelquefois que de trois ou quatre individus.

Dans cet état, la congrégation qui remplit la capitale domine surtout les provinces. Elle forme là, sous l'influence des évêques et de quelques grands vicaires affiliés, des coteries particulières. Ces coteries, épouvantail des magistrats, des commandans, des préfets et des sous-préfets, imposent de là au gouvernement et au ministère. Je n'ignore pas que tout cet ensemble paraît admirable à certaines personnes. Nous examinerons cela dans une autre partie. En ce moment, je n'ai à exposer que des faits.

Je passe aux jésuites.

# CHAPITRE II.

## DES JÉSUITES

Le jésuitisme tire une grande force des congrégations; il en tire aussi de l'enseignement. Au moyen des congrégations, tout un pays se couvre d'influences secrètes, d'où se produit au besoin un ferment intérieur; au moyen de l'enseignement, un mouvement patent se joint à un mouvement secret : par les enfans, on a les familles. Au moyen des congrégations, il se forme de nouvelles habitudes, de nouvelles mœurs, et en quelque sorte un peuple nouveau au milieu de l'ancien peuple; au moyen de l'enseignement, les esprits sont saisis en même temps que les habitudes; un empire de doctrine s'ajoute à un autre empire. On ramasse ainsi avec le petit peuple, sous le même sceptre, un peuple plus important. Les rois, les grands, les académies, les savans, les évêques, le clergé

les souverains pontifes eux-mêmes viennent
successivement bon gré mal gré se ranger
sous le joug.

Cette double force une fois composée et
son importance une fois sentie, le grand plan
se développe. Fortifier et aider les puissances amies, soumettre avec habileté les
puissances douteuses, combattre avec achar-
nement les puissances ennemies, voilà pour
l'Europe. Bientôt l'Europe ne suffit pas.
Une surabondance de vie a besoin de se
porter en Afrique, en Amérique, en Asie.
Partout c'est la société entière et son gouvernement qu'on envahit. Dans ce système, les grands et le petit peuple, les erreurs et les lumières, la science et l'ignorance,
l'élévation, la bassesse, les vertus, les passions,
les crimes, tout est bon, tout trouve sa place.
On est, selon l'occasion, cruel ou bienfaisant,
relâché ou austère, respectueux ou hautain.
On aura de même, selon les circonstances,
l'extérieur de l'opulence ou celui de la pau-
vreté, l'ostentation de l'obéissance ou celle
de la révolte. On sera gallican à Paris, ultramontain à Rome, idolâtre à la Chine; on
sera ici sujet soumis, ailleurs sujet rebelle.

Missionnaire , marchand , mathématicien astronome , guerrier , législateur , médecin ; qui que vous soyez , adressez-vous à nous ; nous sommes de tous les pays, de toutes les professions et de tous les métiers.

Ce caractère étant défini, on conçoit comment toutes les attaques contre les jésuites, quand elles ont voulu se préciser , se sont trouvées fausses ; et comment toutes les apologies, quand elles ont voulu avoir des traits positifs, se sont trouvées faibles. De la grandeur : voilà ce qu'on aperçoit constamment ; et c'est ce que M. de Pradt, dans son dernier ouvrage , a très-ingénieusement et très-éloquemment établi.

Au premier moment où les jésuites s'introduisirent en France , comme ils se proposaient pour l'enseignement , l'université qui était préposée à cet enseignement, leur demanda qui ils étaient ; ils refusèrent de répondre. On le leur demanda jusqu'à trois fois ; même silence ; à la fin : Nous sommes TELS QUELS, *tales quales ;* c'est tout ce qu'on put arracher d'eux

Le parlement de Paris, devant qui ils se présentèrent, les ayant renvoyés à M l'é-

vêque de Paris, Eustache de Bellai examina leurs bulles, et prononça aussitôt « que les-
» dites bulles contiennent plusieurs choses
» qui semblent sous correction aliénes de
» raison, et qui ne doivent être tolérées ne
» reçues en la religion chrétienne [1]. »

La Sorbonne qui, à son tour, fut chargée du même examen, décida, au bout de quelques mois, « que cette société semble péril-
» leuse au fait de la foi, perturbatrice de la
» paix de l'Église, tendante à renverser la
» religion monastique, et plus propre à dé-
» truire qu'à édifier [2]. »

Ces décisions ne détournèrent point les jésuites.

Au colloque de Poissy, les évêques vou-
lurent les soumettre à toutes sortes de res-
trictions. Ils n'en tinrent compte. Les voilà dans la Ligue ; et alors peu importe que

[1] Advis de M. l'évêque de Paris, en l'an 1554.

[2] « Itaque his omnibus atque aliis diligenter exami-
» natis et perpensis, hæc societas videtur in negotio
» fidei periculosa, pacis Ecclesiæ perturbativa, mo-
» nasticæ religionis eversiva, et magis in destructio-
» nem, quam in ædificationem. — 1 déc. 1554. »

Henri IV protestant ait fait abdication : il
faut qu'il périsse. Les jésuites ont pour cela
des doctrines faites. Ils ont aussi une chambre de méditations. On va voir ce que c'est.

« Jean Châtel enquis s'il n'avait pas été
» dans la chambre des méditations, où les
» jésuites introduisaient les plus grands pé-
» cheurs qui voyaient en icelle chambre les
» portraits de plusieurs diables de diverses
» figures épouvantables, sous couleur de
» les réduire en meilleure vie pour ébran-
» ler leurs esprits et les pousser par telles
» admonitions à faire quelque grand cas, a
» dit qu'il avait été persuadé à tuer le roi,
» a dit avoir entendu en plusieurs lieux
» qu'il fallait tenir pour maxime véritable
» qu'il était loisible de tuer le roi, et que
» ceux qui le disaient l'appelaient tyran.
» Enquis si le propos de tuer le roi n'était
» pas ordinaire aux jésuites, a dit leur avoir
» oui dire qu'il était loisible de tuer le roi,
» et qu'il était hors de l'Église, et ne lui
» fallait obéir ne le tenir pour roi jusqu'à ce
» qu'il fût approuvé par le pape. De rechef
» interrogé en la grand'chambre, Messieurs
» les présidens et conseillers d'icelle assem-

» blés, il a fait les mêmes réponses, et si-
» gnamment a proposé et soutenu la maxime
» qu'il était loisible de tuer les rois, même-
» ment le roi régnant, lequel n'était en
» l'Église, ainsi qu'il disait, parce qu'il n'é-
» tait pas approuvé par le pape. »

Le père Guignard et le père Gueret, in-
terrogés sur ces doctrines, ayant été con-
vaincus et exécutés en place de Grève, les
jésuites furent chassés.

Tout chassés qu'ils sont, leurs nombreux
affiliés ne le sont pas [1]. Henri IV investi de
nouveau, tantôt de leurs poignards, tantôt
de leurs intrigues, gémit quelque temps,

----

[1] Si on veut avoir une idée du fanatisme que ces
hommes savaient inspirer à leurs élèves, il faut lire
dans leurs lettres annuelles de 1594 et 1595 aux Pères
et aux Frères de la Société le récit de la prétendue per-
sécution, qu'ils prétendirent avoir éprouvée à Lyon.
Les parens, disent-ils, et les magistrats avaient beau
venir dans les écoles tourmenter leurs jeunes élèves,
et les menacer de la mort; ils ne purent jamais arracher d'eux autre chose, si ce n'est qu'on devait respecter sans doute le roi légitime, mais qu'il n'y avait
de roi légitime que celui que l'autorité du pape reconnaissait.

hésite, balance. « N'est-ce pas une chose
» étrange, écrivait-il à Sully, de voir des
» hommes qui font profession d'être reli-
» gieux, auxquels je n'ai jamais fait de mal,
» ni en ai la volonté, qui attentent journel-
» lement contre ma vie? » Une autre fois :
« Il me faut faire à présent, lui disait-il, de
» deux choses l'une : à savoir d'admettre
» les jésuites purement et simplement, les
» décharger des opprobres desquels ils sont
» flétris, et les mettre à l'épreuve de leurs tant
» beaux sermens et promesses excellentes, ou
» bien les rejeter plus absolument que ja-
» mais, et leur user de toutes les rigueurs
» et duretés dont on se pourra aviser, afin
» qu'ils n'approchent jamais ni de moi ni
» de mes États : auquel cas il n'y a point de
» doute que ce soit les jeter dans le dernier
» désespoir, et par icelui, dans des desseins
» d'attenter à ma vie. »

Quand on connaît ces faits, on peut juger
le degré d'impudence avec lequel on ose
produire aujourd'hui une prétendue réponse
de ce monarque aux remontrances du premier président du Harlay ; pièce évidemment fausse et altérée par les jésuites.

A la fin, pour sa propre sûreté, Henri IV, qui espère les gagner par la confiance, se remet dans leurs mains. Comment s'en trouvera-t-il !

On ne peut pas dire pleinement que ce soit par l'instigation des jésuites que Ravaillac ait agi, on peut dire au moins que ce fut par celle de leur doctrine. Et ne croyez pas que honnis et dénoncés de tous côtés, les jésuites reviennent de ces maximes. Ils les prônent plus que jamais. Le père Santarel publie à Rome, avec approbation des supérieurs de l'ordre et du général, un livre où il met en principe « que le pape peut punir » les rois et les princes de peines tempo- » relles; qu'il les peut déposer et dépouiller » de leurs États pour crime d'hérésie, et » qu'il est en droit de dispenser leurs sujets » du serment de fidélité. »

Le parlement de Paris ne pouvait se dispenser d'informer contre ce livre. Les jésuites de Paris sont mandés à la barre du parlement. Le fameux père Cotton répond « qu'il » improuve cette doctrine, et qu'il est prêt » de publier son improbation. » — « Mais, » lui dit-on, ne savez-vous pas que cette

» méchante doctrine a été approuvée par
» votre général? » Il répond : « Notre gé-
» néral qui est à Rome, ne peut pas faire
» autrement que d'approuver ce que le pape
» approuve. Nous, qui sommes à Paris, ne
» sommes point imputables de cette impru-
» dence. »

Sous Louis XV, quoique les jésuites
aient été soupçonnés de l'attentat de Damiens, on peut dire qu'il n'y a encore que
des soupçons. Seulement, il est singulier
que dans l'année même 1757, il paraisse
une nouvelle édition d'un livre du père
Busembaum, publié et commenté par le
père Lacroix. Dans ce livre condamné au
feu par arrêt du parlement, il est dit qu'*un
homme proscrit par le pape peut être tué partout.* « Quelle année, s'écrie à ce sujet l'a-
» vocat-général du parlement de Toulouse,
» pour produire un livre qui renferme une
» doctrine aussi détestable ! Nous osons le
» dire, Messieurs, la réimpression d'un tel
» ouvrage concourant avec l'exécrable at-
» tentat dont nous gémissons encore (l'as-
» sassinat de Louis XV), est un crime de
» lèse-majesté. »

De tout cela faut-il conclure que les jésuites aient un véritable dévouement pour
le pape ? Pas le moins du monde. Ils le traite-
raient lui-même avec aussi peu de façon s'il
le fallait. Clément VIII étant sur le point de
condamner par un décret la doctrine de
Molina, les jésuites ne sachant plus de quel
moyen se servir pour éviter cet affront, s'a-
visèrent d'avancer publiquement dans des
thèses, « qu'il n'était pas de foi qu'un tel
» homme que l'Église regardait comme le
» souverain pontife, fût véritablement vi-
» caire de Jésus — Christ et successeur de
» saint Pierre. » L'affaire fut suspendue. Son
successeur ayant voulu la reprendre, *Aqua-
viva* lui dit qu'il ne répondait pas d'empêcher dix mille jésuites de répandre dans
leurs écrits les invectives les plus outra-
geantes contre le Saint-Siége. La condamnation fut abandonnée.

L'ordre des jésuites était façonné ainsi; leur
esprit de domination ressort de toutes parts;
c'est ce qu'établirait encore mieux, si elle était
authentique, la déclaration du père La Chaise
mourant à Louis XIV, rapportée par Duclos :
« Sire, je vous demande en grâce de choisir

» mon successeur dans notre compagnie ;
» elle est très-attachée à Votre Majesté ; mais
» elle est fort étendue , fort nombreuse, et
» composée de caractères très - différens ,
» tous passionnés pour la gloire du corps.
» On n'en pourrait pas répondre dans une
» disgrâce, et un mauvais coup est bientôt
» fait. »

On a vu à la fin du dix-huitième siècle
leur prétendue obéissance au pape. Lorsque
Ganganelli *pressé par de puissans motifs*
qu'il énonce et par d'autres encore, ajoute-t-il, *qu'il garde dans le profond secret de*
*son cœur*, supprime leur institution ; rebelles
alors à sa puissance comme à son infaillibilité, ils se réfugient en Prusse et en Russie.
Bravant de là l'autorité souveraine religieuse, comme ils avaient bravé la souveraineté royale, ils méditent les moyens
de se reproduire. Il semble qu'au moins la
révolution française devait nous en avoir à
jamais délivrés ; c'est elle, au contraire, qui,
avec ses flux et reflux, nous les a rapportés.

Partout où il y a du mouvement, du
trouble, un théâtre, on peut être sûr de voir
paraître des jésuites. C'est leur aliment, leur

élément. Dans des pays tranquilles, il n'y a rien à faire. On peut être sûr qu'en Prusse, en Russie et en Autriche, où ils ont séjourné quelque temps, ils se sont mortellement ennuyés. Dans un pays comme la France, que la révolution a mis en pièces, et qui s'agite au milieu des factions, c'est là qu'on peut opérer fructueusement.

Sous Bonaparte, ce n'était encore que quelques pères de la foi bien petits, bien humbles, bien obscurs. Dès que la restauration survient, les congrégations dont on a eu soin de jeter çà et là les semences, se mettent en mouvement. Jusque-là le nom de jésuite avait été dissimulé. Il se prononce ouvertement.

En 1817, un moine de Saint-Acheul, ancien condisciple d'un ministre du roi, se présente à lui : « Tu ne me reconnais pas, lui dit-il, je suis tel. » Il déclare son nom. « Tu vas me demander d'où je viens ? de Saint-Acheul; qui je suis ? JÉSUITE. En cette qualité, tu peux me persécuter si tu veux. J'accepte tes persécutions; je suis sous la protection de Dieu et sous ses ordres. »

Pendant ce temps, et depuis ce temps,

4

comme le mot était donné entre les congréganistes de ne point avouer l'existence des
jésuites, une multitude de bonnes ames dans
Paris et dans les provinces , dans les journaux et dans les pamphlets, continuaient à
nier leur existence. Avec plus de bonne foi,
leur général écrit , le 27 mai 1823, au maire
de Chambéry, la lettre suivante :

« Monsieur ,

» J'ai reçu la lettre que vous m'avez fait
l'honneur de m'écrire au nom de MM. les
syndics de la ville de Chambéry , et je m'empresse de vous exprimer ma reconnaissance
pour les sentimens d'estime, de bienveillance
et de confiance envers notre compagnie,
que la ville de Chambéry a bien voulu manifester par votre organe. Je me trouverais
heureux de pouvoir y répondre en satisfai-
sant sans le moindre délai au désir bien
honorable pour notre compagnie que votre
lettre exprime. Croyez que j'en ai la volonté
bien sincère, et qu'il m'en coûte beaucoup
de ne pas suivre les mouvemens de ma reconnaissance , mais malheureusement il se

rencontre, dans l'exécution, des difficultés qu'il est de mon devoir de vous faire connaître.

» En premier lieu la langue française étant celle qu'on parle dans votre ville, il vous faut des sujets qui la possèdent parfaitement.

» Mais *l'état actuel de notre compagnie en France*, ne permet pas d'en distraire un seul des individus qui y sont employés, puisqu'ils suffisent, à grand'peine, *aux établissemens que nous y avons déjà*, et beaucoup moins à ceux qu'on nous y offre de toutes parts, et que nous nous trouvons dans la dure nécessité de refuser, ou du moins de renvoyer à des temps éloignés. Or, tandis que nous sommes forcés de résister aux sollicitations les plus pressantes des évêques dont les diocèses fournissent des sujets à notre compagnie, de quel œil verrait-on des sujets français sortir du royaume pour faire ailleurs ce qu'ils refusent à leur patrie?

» *Signé* FORTIS. »

Cette lettre, dont le *Constitutionnel* a trouvé le moyen d'attraper une copie, a eu beau être rendue publique ; quelques niais n'en ont pas moins continué pendant long-temps à nier l'existence des jésuites. En ce moment, les individus de cet ordre parcourent le royaume d'un bout à l'autre sans aucun déguisement.

# CHAPITRE III.

## DE L'ULTRAMONTANISME [1].

Louis XIV fut certainement un grand roi. Il l'était par lui-même, c'est-à-dire par l'éclat dont il était l'auteur ; il le fut aussi par l'éclat dont il était contemporain. Après avoir, avec ses *grands jours*, comprimé un reste d'énergie dans l'ancienne noblesse, après avoir réprimé la puissance du parlement qui, dans son enfance, avait osé lui faire la guerre, après avoir réglé quelques

[1] Un fait récent, dont les meilleurs journaux ont parlé avec l'accent de la douleur, atteste la tyrannie croissante de l'ultramontanisme en France. Quelques membres fort instruits de l'ancien clergé, tout meurtris qu'ils étaient des coups de la révolution, et malgré leur grand âge sentant revivre en eux la vigueur de la jeunesse à la vue des attaques portées aux antiques maximes de l'Eglise gallicane par une armée de gazettes protégées et largement soudoyées, avaient en-

parties de l'administration de l'Etat par des
ordonnances de détail assez sages, après
avoir contenu au dehors les prétentions des
puissances étrangères, à Rome même, les
prétentions du pape, il n'eut point à s'occuper, comme il aurait à le faire aujourd'hui,
des divers pouvoirs de l'État; il était lui-
même, à ce qu'il nous dit dans ses Mémoires,
tout l'État; et cependant au milieu de ses
faiblesses comme homme, je veux parler de
ses amours et de ses colères, courbé par ses
sentimens religieux devant la puissance religieuse, et voulant savoir un jour ce que

treprit, au commencement de 1825, un ouvrage pé-
riodique intitulé : *La France catholique, ou Recueil
de dissertations religieuses et monarchiques selon les
principes de Bossuet.* A peine leur première livraison
eut-elle paru, que le signal de proscrire cet ouvrage
fut donné à tous les *carbonari* de la faction ultramontaine ; et, pour subjuguer plus absolument ses aveu-
gles adeptes, elle fit répandre par le *Journal ecclésiastique de Rome* que la *France* catholique était janséniste. Comment les adeptes auraient-ils résisté à cet
oracle d'un journal romain qui avait commencé par
se dire investi d'une portion de l'infaillibilité que le
Vatican s'attribue? Il est fort douteux que l'interrup-

c'est que cette puissance, le voilà qui se présente devant les États-Généraux de la religion : je me permets d'appeler ainsi l'assemblée du clergé de 1682. Quelle est, leur demande-t-il, cette puissance menaçante qui gronde sans cesse autour de moi, souvent au-dessus de moi? Je veux lui être soumis comme chrétien; mais comme souverain, quelle est auprès de moi son action, quelle est son étendue, quelles sont ses limites?

Le grand Bossuet qui, à raison de l'élévation de son caractère, ne devait jamais être

tion de cet ouvrage soit compensée par la publication que Mgr. d'Hermopolis vient de faire de ses *Vrais principes de l'Église gallicane.* Notre doute à cet égard serait assez bien fondé, quand il n'aurait pour motif que les éloges prodigués à cette brochure par tous nos journalistes ultramontains, pour qui la *Defensio declarationis* de Bossuet, sa *Gallia orthodoxa* et l'ouvrage de M le Cardinal de la Luzerne sur le même sujet sont des objets d'anathème, et qui ne puisent leurs raisonnemens que dans les écrits des Bellarmin, des Sfondrate, des Roccaberti, des Orsi, des Dubois, des Duval, si victorieusement réfutés par ces deux illustres prélats de l'Église gallicane ni cardinal, ni archevêque de Paris, mais qui, relégué dans son petit évêché de Meaux, ne laissait pas d'avoir par le talent la supériorité qu'on l'empêchait d'avoir par les places, fut chargé d'agiter avec toute la sagesse dont il était capable cette *difficile* et *redoutable* question.

Je suis tout étonné d'avoir à la qualifier ainsi. Dans aucun temps, elle n'avait laissé de doute en France ; si on n'avait besoin à cet égard que d'une grande autorité, vingt ans auparavant la Sorbonne l'avait décidée dans les termes les plus précis. Le 8 mai 1663, elle fit au roi la déclaration suivante :

1°. Que ce n'est point la doctrine de la faculté, que le pape ait aucune autorité sur le temporel du roi ; qu'au contraire, elle a toujours résisté, même à ceux qui se sont restreints à ne lui attribuer qu'une puissance indirecte ;

2°. Que c'est la doctrine de la faculté, que le roi ne reconnaît et n'a d'autre supérieur au temporel que Dieu seul ; que c'est une ancienne doctrine, de laquelle elle ne se départira jamais ;

3°. Que c'est la doctrine de la faculté, que les sujets du roi lui doivent tellement fidélité et obéissance, qu'ils n'en peuvent être dispensés sous quelque prétexte que ce soit;

4°. Que la faculté n'approuve point, et qu'elle n'a jamais approuvé aucune proposition contraire à l'autorité du roi, ou aux véritables libertés de l'Église gallicane, et aux canons reçus dans le royaume; par exemple, que le pape puisse déposer les évêques contre les dispositions des mêmes canons;

5°. Que ce n'est pas la doctrine de la faculté que le pape soit au-dessus du concile œcuménique;

6°. Que ce n'est point la doctrine ou le dogme de la faculté, que le pape soit infaillible, lorsqu'il n'intervient aucun consentement de l'Église.

Le discours de l'avocat-général Talon nous apprend ce qui avait déterminé cette déclaration.

« Personne n'ignore, dit-il, les efforts et
» les artifices pratiqués par les partisans de
» la cour de Rome depuis trente ans, pour

» élever la puissance du pape par de faus-
» ses prérogatives, et pour introduire les
» opinions nouvelles des ultramontains.
» Enfin, les choses ont passé jusqu'à un tel
» excès, qu'après avoir insinué en secret
» ces propositions fausses et dangereuses
» dans les écrits, ils ont eu la hardiesse de
» les publier et de les mettre dans des thèses,
» pour être publiquement disputées. Cette
» témérité n'est pas demeurée impunie ;
» car cette auguste compagnie, également
» jalouse de maintenir l'autorité royale,
» les droits de la couronne, les libertés de
» l'Église gallicane et l'ancienne doctrine,
» auxquels ces opinions de l'infaillibilité et
» de la supériorité du pape au concile sont
» directement opposées, n'a pas manqué
» de réprimer ces entreprises par la sévérité
» de ses arrêts, et même d'en punir les
» auteurs, de sorte qu'on peut dire que ces
» monstres ont été étouffés dans leur nais-
» sance, et que ces tentatives, bien loin
» d'avoir eu aucun succès, n'ont servi qu'à
» confirmer plus puissamment la vérité et à
» couvrir de honte et de confusion les
» émissaires de la cour de Rome. Cependant,

» la faculté de théologie, occupée par une
» *cabale puissante de moines et de quelques*
» *séculiers*, *liés avec eux* ' par intérêt et
» par faction, a eu de la peine à se dé-
» mêler de ces liens injustes, et à suivre les
» traces des Gerson et de ces autres person-
» nages illustres qui ont été dans tous les
» siècles les principaux défenseurs de la
» vérité. Mais enfin... »

Le 4 août suivant, une déclaration du roi ordonne l'enregistrement, dans toutes les cours du royaume, des six articles de la Sorbonne.

Je suis obligé d'entrer dans tous ces détails, afin que le public et MM. les jurisconsultes voient comment, malgré toutes les décisions, toutes les précautions, la cour de Rome, et spécialement les jésuites, poursuivent sans cesse le système séditieux de la dépendance des rois et de la suprématie des papes. En 1682, malgré la possession des siècles, malgré de nombreuses lettres, et quelquefois assez dures, adressées au pape par les évêques de

---

' Les jésuites et les congrégations.

France, malgré enfin la décision récente de la Sorbonne, rien ne semblait encore résolu. Il faut que Louis XIV invoque de nouveau l'autorité des évêques de France.

Ils n'étaient pas tous bien disposés. Après des détours, en biaisant et en tergiversant de toutes manières, surtout en promettant aux évêques, de la part du roi, comme je le montrerai bientôt, la domination du corps social, Bossuet parvient à obtenir de l'assemblée du clergé les quatre articles devenus aujourd'hui si fameux, et dont le premier porte :

« Que saint Pierre et ses successeurs, vicaires de Jésus-Christ, et que toute l'Église même n'ont reçu de puissance de Dieu sur les choses temporelles et civiles : Jésus-Christ nous apprenant lui-même que son royaume n'est pas de ce monde ; et en un autre endroit, qu'il faut rendre à César ce qui appartient à César, et à Dieu ce qui appartient à Dieu ; et qu'ainsi ce précepte de l'apôtre ne peut, en aucune manière, être altéré ou ébranlé ; *que toute* personne soit soumise aux puissances supérieures ; car il n'y a point de puissance qui ne vienne de Dieu ;

et c'est lui qui ordonne celles qui sont sur la terre : celui donc qui s'oppose aux puissances résiste à l'ordre de Dieu. Nous déclarons, en conséquence, que les rois et les souverains ne sont soumis à aucune puissance ecclésiastique par l'ordre de Dieu dans les choses temporelles, qu'ils ne peuvent être déposés directement, ni indirectement, par l'autorité des chefs de l'Église ; que leurs sujets ne peuvent être dispensés de la soumission et de l'obéissance qu'ils leur doivent, ou absous du serment de fidélité ; et que cette doctrine, *nécessaire pour la tranquillité publique*, et non moins avantageuse à l'Eglise qu'à l'Etat, doit être inviolablement suivie, comme conforme à la parole de Dieu, à la tradition des saints Pères, et aux exemples des saints. »

A l'apparition de cette déclaration, que le clergé de France croyait devoir publier comme *nécessaire à la tranquillité publique*, les parlemens et la magistrature s'en emparent ; la Sorbonne et les universités la proclament ; tout l'enseignement la consacre. Elle est regardée, dans les rapports du roi au clergé et au pape, comme une espèce de grand'chartre. Elle devient partie de nos lois fondamentales.

Mais si cette déclaration plaît à toute la France, il n'en est pas de même à Rome. Le Saint-Siége a pu regarder avec une sorte d'indifférence la décision émanée de la Sorbonne ; ce n'est qu'un corps particulier. Mais la décision de tous les évêques de France a un autre caractère. A l'annonce de cette déclaration le saint Père et tout son conseil s'émeuvent. « Quelle est cette Eglise » gallicane qui, se séparant par sa dénomi- » nation des autres Eglises, semble vouloir » encore s'en séparer par la doctrine ; pré- » tend à elle seule établir des articles de foi; » fixer sans l'intervention des souverains » pontifes, sans même les appeler, les pré- » rogatives et l'étendue de leur autorité. »

Pendant tout le règne du pape les plaintes ne cessent. Sous son successeur elles se renouvellent. Cependant Louis XIV vieillissait. L'inquiétude entre avec la faiblesse dans cette grande ame. Le vainqueur de l'Europe, vaincu par son confesseur et par une femme, ne peut tenir au déplaisir qu'il a causé, lui fidèle, au père commun des fidèles. Il écrit secrètement une lettre, dans laquelle il promet de ne donner aucune suite, non pas, comme on l'a dit, à la déclaration, mais seulement à l'édit qui en ordonne l'enseignement. Les prélats de leur côté écrivent une lettre respectueuse, qu'on appelle aujourd'hui une lettre d'excuse.

Après cette démarche, qui ne dérange rien à l'état des choses, et dont le monarque a soin, pour son compte, d'expliquer le véritable sens dans une lettre au cardinal de La Trémoille, il meurt laissant Rome interpréter à sa manière une conduite de respect et de courtoisie, qu'on ne manquera pas dans peu de regarder comme une rétractation. Et en effet, dès le premier moment, Rome s'empresse de recueillir ces actes, qui sont gardés soigneusement aux archives du Vatican, et qu'elle se réserve de reproduire dans de meilleurs temps.

Des deux côtés, les prétentions s'étant conservées, elles donnent lieu sous Louis XV à de nouveaux débats. Ce fut à l'occasion d'un mandement de M. l'évêque de Soissons. Ce mandement faisant allusion aux doctri-

nes de 1682, le pape avait cru pouvoir purement et simplement le faire condamner
par son Saint-Office. Louis XV crut devoir
intervenir.

Dans une première lettre au pape : « Je ne
cacherai pas, lui dit-il, que mon étonnement
et mes alarmes se sont accrus, lorsque j'ai
vu que les motifs de cette condamnation
inattendue ( de l'ordonnance et instruction
pastorale de l'évêque de Soissons par le
Saint-Office ) étaient relatifs à des maximes
qui annoncent l'indépendance de la couronne, qui sont tenues par tout le clergé
de France, et, qu'à l'exemple de mes prédécesseurs, je me ferai toujours un devoir de
protéger et de maintenir. Si Votre Sainteté
avait bien voulu se représenter toute la délicatesse et l'importance de la matière, elle
y aurait trouvé une raison nouvelle et bien
décisive, d'éviter un éclat dont elle ne peut
jamais empêcher toutes les suites, et qui a
toujours le double inconvénient de ne pas
annoncer suffisamment la bonne intelli-
gence, et de ne pas assez soigner le respect
dû à l'autorité. »

Dans une seconde lettre, en date du 25

juillet 1765, Louis XV insiste plus fortement encore.

« Très-Saint Père,

» J'ai fait examiner, par plusieurs évêques
» de mon royaume, en qui j'ai confiance,
» le mandement de l'évêque de Soissons,
» ainsi que je l'ai annoncé à Votre Sainteté
» par une lettre du 6 juin dernier. Je me
» ferai toujours gloire, à l'exemple des rois
» mes prédécesseurs, de donner à Votre
» Sainteté les témoignages les plus sincères
» de ma vénération et de mon attachement
» filial; mais je mettrai, ainsi qu'eux, au
» rang de mes devoirs les plus étroits, de
» maintenir, dans toute son intégrité, la
» doctrine tenue et enseignée de TOUT TEMPS
» par les évêques et les écoles de mon
» royaume. Les maximes, qui résultent de
» cette doctrine et qui n'en sont que le
» précis, réunissent le double caractère des
» lois civiles et religieuses de mon Etat; et
» je ne dois pas laisser ignorer à Votre Sain-
» teté que j'ai si fort à cœur de les faire ob--
» server, *que je regarderai comme infidèle à*
» *son roi et à la patrie quiconque en France*

5

» osera à donner la moindre atteinte,..... »

Je prie qu'on fasse attention à ces dernières expressions, parce que je serai peut-
être dans le cas de les rappeler, en examinant bientôt, sous ce rapport, la conduite
actuelle des ministres du roi, ainsi que de
plusieurs prélats.

J'ai dit, de la lettre de Louis XIV et de
celle des évêques, qu'elles furent gardées au
Vatican pour être publiées dans l'occasion ;
cette occasion ne tarda pas à se présenter.
Après les malheurs que la révolution de
1789 avait causés à la religion, ce fut comme
une fortune pour le Saint-Siége que l'avé-
nement d'un usurpateur venant implorer
son assistance et sa puissance. Le concordat
de 1801, dont le premier effet était de renverser la déclaration de 1682 et de favoriser
sur tous les points le système de la cour de
Rome, peut être regardé comme la première atteinte portée à nos doctrines. Par
l'article VI de cette transaction, le pape délie
les évêques du serment de fidélité. Par l'article VII il en délie pareillement les ecclésiastiques du second ordre : par l'article VIII
il en affranchit tous les Français, puisqu'il

ordonne au peuple de chanter, au lieu de DOMINE SALVUM FAC REGEM, *domine salvos fac consules.*

Dans peu ces infractions papales vont prendre un plus grand caractère. Voilà le pape appelé au couronnement de Bonaparte. Nouvel Etienne, il vient sacrer le nouveau Pepin. Il l'investit ainsi, aux yeux du peuple et de tous les rois de l'Europe, de la sanction de la religion. Bonaparte est présenté à ses nouveaux sujets avec une couronne toute reluisante de cette espèce de légitimité, qui est regardée par les peuples comme émanant de l'autorité de Dieu.

En vertu de la suprématie du Saint-Siége, puisque le pape consentait à donner une couronne, ou, ce qui est la même chose, à consacrer, comme légitime, une royauté qui ne l'était pas, c'était bien peu que de demander au nouveau souverain, en retour d'un tel bienfait, la confirmation de la lettre de Louis XIV. On promettait de laisser la confirmation dans le même secret que la lettre. Ce pouvait être de la part de l'usurpation une espèce de contre-sens, de contester quelque chose au pape. Je ne parle pas de reconnaissance, la politique n'en est pas là ; mais, puisqu'on disposait ainsi de la puissance du Saint-Siége, on pouvait trouver de l'avantage à l'étendre et à lui donner du poids. Il en arriva tout autrement. Aucune lettre ne fut donnée au pape. La déclaration de 1682, qui déjà avait été proclamée à la suite du concordat, fut plus que jamais remise en vigueur.

Cette ingratitude de l'usurpation est plus facile à comprendre que la conduite, à cet égard, de la légitimité. Bonaparte une fois tombé, si la maison régnante avait montré envers le Saint-Siége quelque rancune ; si envers une puissance aussi facile à disposer des couronnes, on lui avait vu prendre quelque précaution, tant pour le présent que pour l'avenir, personne en Europe n'eût blâmé cette prudence.

Dès le premier moment, et pendant quelque temps, les ministères de la maison de Bourbon ont paru compter pour quelque chose les ordonnances de Louis XIV et la doctrine de 1682. Ils ont trouvé l'obéissance affaiblie. Sous le ministère de M. Laisné, si je suis bien informé, les prêtres de Bretagne, à

qui le ministère alléguait l'autorité de Bossuet, lui écrivent que la déclaration de 1682
est dans la vie de Bossuet une tache, et non
pas une gloire. Les prêtres du diocèse de
Lyon présentent la même opposition. « Cette
» déclaration, dit le supérieur d'un sémi-
» naire, est fausse, forcée, contraire à la doc-
» trine de l'Eglise, rejetée du clergé de
» France, favorable à toutes les sectes, con-
» damnée par l'autorité spirituelle, par la
» puissance temporelle. Il est temps de ne
» plus s'endormir sur ces principes gallicans
» qui préludaient à la ruine prochaine de
» la religion depuis 130 ans, et qui n'ont
» cessé d'enfanter sous nos yeux des mons-
» tres d'erreur, d'abus et de scandale. »

Un membre du présent ministère ayant
voulu conserver la voie de ses prédécesseurs,
personne n'ignore le sort qu'a éprouvé sa
démarche. Cette fois ce ne sont plus de simples prêtres qui sont en scène; c'est un prince
de l'Église. Non-seulement le prélat repousse
les ordres du ministère du Roi, il prétend
ne devoir pas même lui faire réponse. La
ettre suivante est rendue publique.

« Monseigneur ,

» Vous me faites l'honneur de me demander si j'ai reçu une lettre de Son Excellence le ministre de l'intérieur, qui demande aux professeurs de mes séminaires leur adhésion à la déclaration du clergé de France de 1682, et vous désirez savoir si j'ai répondu à cette lettre, et ce que j'ai répondu. Oui, Monseigneur, j'ai reçu comme vous cette missive extraordinaire. Je l'ai reçue même deux fois, et je n'y ai point fait de réponse.

» J'ai eu l'honneur d'écrire la même chose à plusieurs de mes collègues qui m'avaient donné la même confiance que vous, en me faisant la même demande. Je les ai priés d'observer :

» 1°. Qu'autrefois il n'y avait que MM. les professeurs d'Université qui fussent astreints à cette formalité.

» 2°. Que l'autorité civile n'avait pas le droit de fixer aux évêques ce qu'ils avaient à prescrire, pour l'enseignement, dans leurs séminaires.

» 3°. Que la formule d'adhésion, telle qu'elle était envoyée, semblait présenter les quatre articles comme une décision de foi; ce qui n'est pas, et ce qui nous exposerait à la censure du Saint-Siége.

» 4°. Que cette mesure inutile était inconvenante et inadmissible, en ce qu'elle contenait l'engagement de professer la doctrine des quatre articles, *profiteri doctrinam*. Elle est de plus ridicule, en ce qu'elle exige que l'on professe, et que l'on veuille enseigner, *profiteri et docere velle*.

» 5°. Que cette mesure inutile, qui était un nouvel attentat au droit des évêques, déplairait à la cour de Rome, et était aussi impolitique que déplacée dans un temps où un parfait accord ' règne entre Rome et la France.

» 6°. Que sachant avec quelle sagesse le gouvernement évitait tout ce qui pouvait rappeler les discussions théologiques, tou-

---

' Il est fondé sur les condescendances qu'on espère ou qu'on a obtenues, 1° relativement au non-enseignement des quatre articles de 1682 ; 2° relativement à l'établissement des jésuites ; 3° relativement à de nouveaux avantages de rétribution de propriété et de juridiction en faveur du clergé

jours dangereuses, je présumais que quelque employé subalterne du bureau du ministère, provoqué peut-être par quelque savant du conseil d'Etat, avait présenté cette
circulaire à la signature du ministre qui sûrement n'y aura pas fait attention.

» 7°. Que ce ne pouvait être que l'œuvre
d'un esprit brouillon, et que ce qu'il y avait
de mieux à faire, était de la regarder comme
non avenue. »

Il n'est pas nécessaire, pour le moment,
de faire des observations sur cette lettre. La
demande du ministre de l'intérieur, qui en
a été l'occasion, a été convenablement justi-
fiée par le vertueux magistrat qui remplit
les fonctions de procureur du roi à Paris.
La lettre du prélat et sa publication ont reçu
une condamnation solennelle : je ne la rap-
pellerai pas. Cependant, puisqu'on met tant
d'obstination à la défense des principes ultramontains, il n'est pas sans intérêt de s'en
faire une idée précise.

A commencer par le cardinal Bellarmin
dans son livre *de Romano Pontifice*, le pape,
selon ce prélat, est le maître absolu de toute
la terre ; il a directement la puissance tempo-

relle en même temps que la puissance spirituelle. Les souverains ne règnent que par
une concession sans cesse révocable de sa part.
Je dois faire observer que Bellarmin est un des
ultramontains modérés. Par exemple, « il
» n'appartient pas, suivant lui, aux reli-
» gieux et aux autres ecclésiastiques de tuer
» les rois par des embuches, et les souve-
» rains pontifes n'ont point coutume de ré-
» primer les princes par cette voie. Seule-
» ment, après les avoir repris d'abord pa-
» ternellement, ils en viennent à les retran-
» cher par des censures de la communion
» aux sacremens; ensuite, s'il est nécessaire,
» ils délient leurs sujets du serment de fidé-
» lité; après quoi c'est à d'autres qu'à des
» ecclésiastiques qu'il appartient d'en venir
» à l'exécution. *Executio ad alios perti-*
» *neat.* »

Molina s'énonce de la même manière. Il
dit que tous les rois de la terre sont sujets du
pape.

Suarès énonce, comme article de foi, que
le pape a le droit de déposer les rois hérétiques et rebelles. Il ajoute qu'un roi déposé
ainsi, et qui s'obstine à conserver la cou-

ronne, devient tyran et usurpateur, et qu'a-
lors il peut être traité en ennemi public, et
tué par le premier venu.

Il serait trop long de nommer tous les
docteurs ultramontains; ils sont au nombre
de plus de cent, presque tous jésuites. On
comprend d'après cela d'un côté les fureurs
de la Ligue et les attentats horribles qu'elle a
fait commettre; d'un autre côté, les justes
craintes de Louis XIV et de Louis XV, et
les précautions qu'ont pu prendre, à cet
égard, nos magistrats et nos lois.

Au temps présent, peut-on dire absolument que ces craintes soient des chimères?
Oui, sans doute, et je l'espère quant à l'exécution; mais ne suffit-il pas de telles doctrines embellies, comme nous l'avons vu dans
ce temps-ci, d'une verve d'éloquence, pour
ébranler la fidélité, et ménager, dans des
temps plus ou moins prochains, des commotions violentes.

Grâce à un écrivain célèbre, rien ne nous
manque en ce genre, nous avons de lui des
formules toutes prêtes. Après un chapitre
intitulé *Exercice de la suprématie pontificale
sur les souverains temporels*, et dans lequel

il établit cette suprématie, M. le comte de Maistre se donne, pour notre plus grande commodité, la peine de libeller lui-même les termes dont nous devons nous servir pour un acte de déposition. Dans un chapitre intitulé *Application hypothétique des principes précédens*, se trouvent *les très-humbles et très-respectueuses remontrances des états-généraux du royaume de..... assemblés à...... à notre Saint-Père le pape Pie VII*, à l'effet de déposer leur souverain. Ces remontrances se terminent ainsi :

« C'est à vous, Très-Saint Père, comme re-
» présentant de Dieu sur la terre, que nous
» adressons nos supplications, pour que
» vous daigniez nous délier du serment de
» fidélité qui nous attachait à cette famille
» royale qui nous gouverne, et transférer à
» une autre famille des droits dont le pos-
» sesseur actuel ne saurait plus jouir que
» pour son malheur et le nôtre. » (*Du Pape,*
*p.* 346. )

# CHAPITRE IV.

## DE L'ESPRIT D'ENVAHISSEMENT CHEZ LES PRÊTRES.

APRÈS avoir parlé précédemment des jésuites et de l'esprit ultramontain, il ne faut
pas s'étonner que je mette en quelque sorte
à part l'esprit des prêtres. Je dois prévenir
que, quoique dans certaines circonstances
ces trois choses soient susceptibles de se
confondre, ce sont en général des principes
d'une autre nature ainsi que d'une autre
source. Il y a certainement des ultramontains
qui ne sont pas jésuites ; il se trouve aussi
des jésuites qui ne sont pas ultramontains.
D'un autre côté, un grand nombre de prêtres ne sont ni ultramontains, ni jésuites.
Cela ne les empêchera pas, si on les laisse
faire, de s'emparer de la société. D'abord
c'est que si le pape, comme successeur
de saint Pierre, possède une première et

principale puissance ( ce qu'on appelle
l'autorité des clefs ), les évèques qui ne sont
pas, il est vrai, successeurs de saint Pierre,
mais qui peuvent diversement se dire successeurs de saint Paul, de saint Jean , de
saint Barthélemy et des autres apôtres , ont
droit à une grande portion de cette autorité.
Les simples prêtres, avec leur droit divin
de lier et de délier , peuvent se saisir aussi
de quelque chose de cette filiation et pré-
tendre à une grande importance.

Si ces trois ordres de puissance ont quelques points de division , ce qui les affaiblit ,
ils ont aussi un centre commun de doctrine
par lequel ils deviennent très-forts. Il consiste à établir comme axiome : « 1° que la
morale est nécessaire à la société ; 2° que
la religion est nécessaire à la morale : et
comme le prêtre est nécessaire à la religion
et à la morale , celui-ci doit avoir dans la
société l'importance qui appartient à l'une
et à l'autre. »

Nous allons voir comment de conséquence
en conséquence tirées de ce principe et habilement filées, on arrive à produire l'as-
servissement social. Je ne me permettrai

point à cet égard d'allégation gratuite. Je
me placerai au milieu des documens d'État.

Dans un de ses discours à la Chambre des
députés, M. de Frayssinous commence à
établir « que toujours et partout une reli-
» gion quelconque a présidé à la formation
» des sociétés. Jamais peuple civilisé n'a
» pu sans la religion se conserver, se per-
» pétuer, prospérer sur la terre. Elle seule
» peut donner la vie sociale au peuple bar-
» bare qui la cherche, et la redonner au
» peuple qui l'aurait perdue. »

On ne peut contester une maxime qui
renferme un grand fonds de vérités. Pour-
suivons.

Dans un discours que M. de Boulogne
prononce à la Chambre des pairs, il ne veut
sans doute aussi que parler des bienfaits de
la religion ; malheureusement il s'aventure
à dire que ce n'est pas l'État en France qui
a fondé l'Église, mais l'Église qui a fondé
l'État. Ces paroles articulées avec trop peu
de ménagement et dont il s'empresse de tirer
des conséquences singulières, déplaisent à la
Chambre des pairs qui y voit une invasion
de la suprématie politique.

Malgré la défaveur qu'éprouve le discours
de M. de Boulogne, la principale pensée de
ce discours se trouve tellement établie dans
les esprits, que même à l'Académie française
elle se reproduit dans un discours de récep-
tion. Dans ce discours que le président de
cette compagnie prononce en réponse à
M. l'archevêque de Paris : « La religion, dit
» l'orateur, précéda l'établissement de tous
» les royaumes chrétiens et FONDA leur civi-
» lisation. »

Si on demandait à l'orateur s'il est bien
sûr du fait, et ensuite de rendre compte
de l'espèce de civilisation qui succéda en
France à l'établissement du christianisme,
il serait sûrement embarrassé. Toutefois la
même doctrine est encore énoncée à la
Chambre des députés. « N'oublions jamais,
» nous dit M. de Frénilly, que toute la so-
» ciété, son ordre, sa civilisation, sa sta-
» bilité, la vraie monarchie enfin, sont sor-
» tis du mot *chrétien* et dureront ou péri-
» ront avec lui. » (*Moniteur.*)

Ces idées, pouvant paraître exagérées à
quelques personnes, le seraient encore
plus, que dans tout autre temps il ne

viendrait à la pensée de qui que ce soit de
les contester. Les Français et les Anglais ont
un grand bonheur à prononcer que le roi
ne peut faire du mal. Cette maxime dont on
pourrait tirer d'assez fausses conséquences,
si elle était prise à la rigueur, est néanmoins consacrée par tous les respects. Il en
est de même de tout ce qu'on peut dire en
l'honneur de la religion; sans l'intention
dans laquelle les paroles sont prononcées
et les conséquences qu'on entrevoit, on ne
se croirait pas permis de les contredire. Ce
n'est que quand on voit le plan général
attaché à ces professions de respect, qu'on
commence à y apporter de l'examen.

On a vu les principes; on va voir actuellement les conséquences.

« Si la religion, nous dit M. Frayssinous,
» est le premier besoin des peuples, le pre-
» mier devoir de ceux qui gouvernent est
» de la mettre avant tout dans leur pensée,
» de lui rendre l'honneur et le respect qui
» lui sont dus. » C'est bien. Actuellement
des honneurs dus à la religion, il va passer
aux honneurs dus au sacerdoce.

« Que ceux, nous dit-il, qui seraient

» tentés de désirer la ruine du sacerdoce,
» ou bien son avilissement et sa nullité, ce
» qui est la même chose, tremblent de voir
» leurs vœux exaucés. Toutes les théories
» politiques n'empêcheraient pas que la
» religion ne pérît avec le sacerdoce, et
» que la société ne pérît avec la reli-
» gion. »

On pourrait trouver quelque exagération dans ces maximes. La religion n'est pas tout-à-fait la même chose que le sacerdoce. La France a été bien long-temps veuve de ses prêtres, et la religion n'a pas péri. N'importe, voyons ce qu'il faut faire pour prévenir l'avilissement du sacerdoce.

« Il s'agit, dit M. Frayssinous, de donner
» à notre Église cette *consistance*, cette *di-*
» *gnité* sans laquelle ses travaux seraient en
» grande partie frappés de stérilité. »

Il y aurait encore ici, si on voulait, un objet de contestation. On pourrait demander si les apôtres d'autrefois ont prétendu à l'espèce de consistance et de dignité que réclament les apôtres d'aujourd'hui.

On serait surtout curieux de savoir ce qu'on entend par *consistance* et *dignité*.

Le *grand-prétre* ne s'énonce à cet égard que d'une manière vague ; les lévites vont le faire d'une manière précise

« Puissions-nous arriver bientôt, nous dit » M. de Frénilly, à convertir un salaire de- » venu insuffisant en une dotation qui élève » l'Église du rang de soudoyée à celui de » propriétaire ! Puisse le temps, la religion » des peuples et la sollicitude des rois chan- » ger par degré une fortune instable en une » fortune foncière que les siècles affermis- » sent ! » (*Moniteur.*)

M. de Lézardière, dans un discours prononcé à la même séance, exprime les mêmes vœux. M. l'archevêque de Besançon, à la Chambre des pairs, les énonce avec encore plus de force, et M. le comte de Marcellus *déclare que comme chrétien et comme Français, il adhère à cette opinion.* (*Moniteur.*)

On comprend à présent ce que c'est que la consistance et la dignité réclamée par M. Frayssinous en faveur du clergé. En premier lieu, comme la puissance royale à laquelle il faut aussi sans doute de la *consistance* et de la *dignité*, est en ce point sur le même pied que le clergé, il s'ensuit que celui-ci se croit et se place au-dessus du roi et de la puissance royale En second lieu, comme la religion est ordonnatrice de tout, et que le clergé est ordonnateur de la religion, il semble qu'il se place au niveau de la religion même.

On va trouver sur ce point M. Frayssinous très-modéré. Il consent, à cet égard, à faire un partage entre le roi et le clergé « De tout temps, dit-il, on a parlé des deux puissances, du sacerdoce et de l'empire, du pontife et du magistrat, de l'Etat et de l'É-glise, du pouvoir spirituel et du pouvoir temporel, pour désigner ceux qui exercent l'autorité suprême dans l'ordre religieux et politique. »

Dans un discours au sujet des communau-tés religieuses, il avait dit : « C'est ici une des matières mixtes des deux autorités spirituel-les et temporelles de l'Église et de l'État. » ( *Moniteur.* )

Cependant, après avoir établi sur deux lignes parallèles la coexistence de ces deux grands pouvoirs, l'Église et l'État, comment les accordera M. Frayssinous ! Les journaux royalistes n'y voient aucune difficulté. « Ce

» sont, disent-ils, deux gouvernemens qui
» agissent par des voies séparées, mais pa-
» rallèles. L'un régit les hommes par les
» peines et les récompenses temporelles;
» l'autre par les peines et les récompenses
» spirituelles. » ( *Drapeau Blanc.*)

Nous examinerons dans une autre partie
si des peuples, régis de cette manière, seraient bien régis. M. de Frayssinous, plus
avisé, y voit de l'embarras. Il nous exhorte
même d'avance à la résignation.

« Que ces pouvoirs, dit-il, se heurtent,
» qu'ils se contestent, qu'ils luttent l'un con-
» tre l'autre, ce ne doit pas être un sujet
» d'étonnement. C'est le sort de toutes les
» puissances humaines. Il y aura des abus
» tant qu'il y aura des hommes. » Pour ré-
soudre cette grande difficulté, il pense « que
» le législateur doit planer sur tous ces dé-
» mêlés, les considérer avec calme, dissi-
» muler, reprendre, corriger, réprimer
» suivant les circonstances. » ( *Ibid.*)

C'est très-bien. Cependant je voudrais demander à M. Frayssinous de quel législateur
il veut parler. Dans la direction de ses idées,
comme il y a deux puissances agissant pa-

rallèlement sur la société, il doit y avoir
aussi deux législateurs, et alors sa solution
n'en est pas une.

A cet égard, si M. Frayssinous demeure
enveloppé, il n'en est pas de même des
journaux qui écrivent dans son sens. « Plus
» l'Eglise aura d'indépendance, nous dit
» l'un d'entre eux, et plus il sera facile de
» se défendre de ses empiètemens. ( Plus il
» sera facile ! ) Si le clergé dépend du gou-
» vernement, s'il fait partie de la police po-
» litique, s'il n'est pas lui-même, comment
» veut-on qu'il ait de la force et de la dignité,
» et qu'il imprime la vénération pour son
» caractère ! »

Ce n'est pas assez; les mêmes écrivains
repoussent dans les mariages et les baptêmes
toute espèce d'intervention de la puissance
civile. « La police de l'État, disent-ils, ne
» saurait commander à l'Église.... Ainsi par
» exemple, les lois actuelles portent des
» peines contre les négligences et les omis-
» sions commises par les officiers de l'état
» civil. Or, nous le demandons, est-il dans
» l'esprit de l'Eglise et du sacerdoce, est-il
» dans la nature de leur institution d'avoir

» de tels rapports avec l'autorité temporelle,
» d'être soumis au joug d'une discipline
» toute administrative, et à des obligations
» multipliées, aussi contraires à leur génie
» et à leurs caractères ! Comment s'y pren-
» dront un préfet et un tribunal, en cas de
» forfaiture, d'abus, de désobéissance, et
» même de simple contravention ? Ce serait
» mettre aux prises les deux pouvoirs, ce
» serait les armer l'un contre l'autre, et
» dans cette lutte, la victoire devrait néces-
» sairement rester à celui qui est retranché
» dans des lignes formidables, et qui, dans
» la sphère de ses attributions et de ses
» fonctions, ne reconnaît et ne doit recon-
» naître d'autre juridiction que la sienne
» propre. » ( *Drapeau Blanc*, article qu'on
croit de M. de Lamennais. )

Ce droit de législation réclamé par le
clergé n'est pas une prétention que je lui
attribue, ou que quelques écrivains lui at-
tribuent ; c'est bien positivement une prérogative qu'il croit avoir et qu'il veut exercer.
Toute la France a été instruite d'une démarche de M. l'archevêque de Rouen qui, un
jour, dans un certain mandement, jugea à

propos de soumettre son diocèse à une multitude de réglemens monastiques : mandement si singulier, que ce prélat lui-même,
effrayé de l'impression qu'il causa, crut
devoir l'interpréter, et par-là même le mi-
tiger. Dans une semblable occurrence, on
croit peut-être que M. Frayssinous, en sa
qualité de ministre du roi, montrera quelque mécontentement, tout au moins qu'il
gardera le silence : point du tout, c'est dans
ce moment même, au milieu de ce vacarme,
qu'il monte à la tribune de la Chambre des
députés, pour faire parade du droit des
évêques, et spécialement de celui de faire
des lois et des réglemens de discipline. Après
nous avoir dit que ce n'est pas de la sanction
des rois que les décrets de l'Eglise tirent
leur existence ou leur autorité, il nous parle
de ces temps heureux « où l'Eglise pronon-
» çait avec une autorité souveraine, non-
» seulement sur les matières de foi, mais
» encore sur les règles et sur les mœurs, où
» elle faisait des lois de discipline, en dis-
» pensait ou les abrogeait ; établissait des
» pasteurs et des ministres dans les divers
» rangs de la hiérarchie, et les destituait ;

» corrigeait les fidèles, et retranchait de
» son sein les membres corrompus. » Maintenant il en est de même. Suivant lui, « il
» serait facile de prouver par l'autorité de
» ce que la France a eu de plus graves ma-
» gistrats et de pontifes plus illustres, qu'à
» l'Église appartient le droit de statuer,
» non-seulement sur la foi, les mœurs et
» les sacremens, mais encore sur la disci-
» pline, ainsi que de faire des lois et des
» réglemens, droit essentiel à toute société. »
( *Moniteur.* )

Son droit de législation étant ainsi établi,
on va croire que le clergé, législateur spirituel, se contentera (au moyen des peines
et des récompenses d'une autre vie) d'un
pouvoir exécutif spirituel. Pas du tout.

Pie VII, dans un bref contre Bonaparte,
et plusieurs papes qui l'ont précédé, ayant
établi en principe que la puissance temporelle est au-dessous de la puissance spirituelle, le clergé en fait, à son droit de législation sur la société, l'application la plus
stricte. Le roi n'est regardé par lui en ce
point que comme un premier serviteur exé-
cuteur de ses volontés : c'est ce qu'avec toutes

les formes du respect on fait dériver, d'un côté, de sa qualité de roi très-chrétien, d'un autre côté, de sa qualité d'*évêque du dehors*, qui, depuis des siècles, lui a été conférée.

De conséquence en conséquence, c'est ainsi qu'on voit comment le clergé devient législateur suprême. Au moment présent, que ces conséquences ne soient pas poursuivies rigoureusement, cela tient à nos circonstances. A cet égard, je dois remarquer la dissidence qui s'est élevée entre deux grands contendans. M. d'Hermopolis un jour parle de *prudence*, du *danger de se précipiter dans le bien*, de la nécessité de *prendre conseil des circonstances*, d'*éprouver pour mieux connaître*, et de *laisser faire quelque chose au temps*. Cette doctrine ne convient point à M. de Lamennais; il répond ironiquement à M. d'Hermopolis : « Que ce n'est pas une médiocre » consolation pour un évêque de pouvoir » à cette époque de la société se dire à soi- » même ce qu'il ne fut pas certes donné » aux apôtres de pouvoir se dire. Mais aussi, » ajoute-t-il, que ne prenaient-ils conseil » des circonstances, que n'observaient-ils » l'esprit de leur siècle? »

Encore et encore, les circonstances de la France s'opposent à une situation particulière, que tous regardent comme le *bien*, mais vers laquelle une partie du clergé voudrait se *précipiter*, tandis qu'une autre partie ne veut y aller qu'à pas mesuré. Celles des nations nos voisines qui ne se trouvent pas embarrassées comme la France d'une malheureuse Charte qui met obstacle à beaucoup de choses, nous présentent en ce genre des modèles admirables.

On peut se souvenir d'un certain mandement de M. l'archevêque de Munich, qui révolta la Bavière, et que l'autorité royale, quoiqu'avec un peu de faiblesse, s'empressa de repousser. Qu'on veuille faire attention à l'ordonnance suivante du roi de Sardaigne.

Après avoir prescrit aux étudians, 1° d'être rendus chez eux avant la nuit ; 2° de ne fréquenter aucun café, billard, spectacles, bals ou lieu de réjouissance publique, « ils » rempliront, dit le souverain, avec exacti- » tude leurs devoirs religieux ; ils assisteront » au service divin de la paroisse, et appro- » cheront du tribunal de la pénitence, au

» moins une fois par mois; ils feront exacte-
» ment leurs pâques, et se livreront, avant
» et après Pâque, aux exercices spirituels
» qui seront établis pour eux. » ( *Moniteur.* ).
Certainement, on ne peut pas être mieux
évêque du dehors.

Le roi de Naples suit les mêmes erremens.
Par une ordonnance en date du 15 mars 1822,
« les maîtres publics ou particuliers devront
» seconder les soins des évêques, pour ce
» qui concerne la fréquentation des con-
» grégations *de Spirito*. En conséquence ,
» les maîtres publics devront chaque se-
» mestre produire une attestation avec le
» vu des évêques, qui prouve qu'ils ont
» veillé à ce que leurs élèves aient assisté
» auxdites congrégations. A défaut de cette
» attestation , ils ne recevront point leurs
» traitemens. Quant aux maîtres particu-
» liers, fussent-ils munis d'une permission
» spéciale , les évêques pourront fermer
» leurs écoles, toutes les fois qu'ils les trou-
» veront négligens dans l'accomplissement
» de leur devoir. » Suivent d'autres articles
dans le même sens, concernant les pères et
les enfans.

Grâce à la déclaration de M. d'Hermo-
olis, qui nous a promis de ne pas se précipiter dans le bien, et à celle de M. le car-
dinal-archevêque de Toulouse, qui, dans
son discours au roi à l'occasion du sacre, a
bien voulu nous faire espérer de la prudence, la France n'en est pas encore (au re-
gret de bien des gens) parvenue au point de
perfection des royaumes de Naples et de
Sardaigne ; elle en approche chaque jour ;
on commence à en voir quelque chose dans
un mandement à l'occasion du sacre, de
M. l'archevêque-administrateur de Lyon.

« C'est dans le temple de Dieu que le
» prince va contracter la religieuse obli-
» gation de régner en roi juste et en roi
» chrétien, c'est-à-dire de faire observer
» les lois du royaume et *de prêter son*
» *appui à l'exécution de celles de l'É-*
» *glise.* »

Cette doctrine, dont on cherche tant
qu'on peut à adoucir les termes, n'est pas
nouvelle. Une partie du clergé a toujours
regardé cette partie des fonctions royales
comme le premier devoir des rois. « Vous
» devez vous souvenir sans cesse, dit à un

» souverain saint Léon, pape, *que le pou-*
» *voir* royal ne vous a pas été donné seule-
» ment pour le gouvernement du monde,
» mais principalement pour la défense de
» l'Église [1]. »

A ce sujet, je dois faire disparaître une pré-
vention que je trouve généralement établie :
c'est que cette doctrine est sortie seulement
de l'ultramontanisme moderne. Elle appartient tout-à-fait à l'esprit prêtre [2]. On va la
voir consacrée par le plus gallican de tous
les hommes, par Bossuet, dans son Discours
sur l'Unité de l'Eglise. Je demande quelque
attention pour les passages suivans :

« L'Église a appris d'en haut à se servir
des rois et des empereurs pour faire mieux

---

[1] Debes incunctanter advertere regiam potestatem
tibi non solum ad mundi regimen, sed maximè ad
Ecclesiæ præsidium esse collatam.

[2] Cette expression répétée une seconde fois pourra
paraître encore inconvenante, si on ne veut pas faire
attention, comme je l'ai déjà dit, qu'elle ne s'applique qu'à l'esprit d'envahissement, que le zèle des choses de Dieu ou le désir de la domination manifeste
dans une partie du clergé.

servir Dieu, pour élargir, disait saint Grégoire, les voies du ciel.... »

Un empereur roi disait aux évêques : « Je
veux que, secondés et servis par notre puissance, vous puissiez exécuter ce que votre
autorité vous demande. »

Bossuet fait remarquer ici que la puissance royale, qui partout ailleurs veut dominer, ne veut, en ce qui concerne les lois
des évêques, que servir : *famulante ut decet
potestate nostrâ.*

Voici un passage plus fort :

« Que ceux, dit-il aux évêques, qui n'ont
» pas la foi assez vive, pour craindre les
» coups invisibles de votre glaive spirituel,
» tremblent à la vue du glaive royal. Ne
» craignez rien, saints évêques. Si les hom-
» mes sont assez rebelles pour ne pas croire
» à vos paroles, qui sont celles de Jésus-
» Christ, des châtimens rigoureux leur en
» feront, malgré qu'ils en aient, sentir la
» force, et la puissance royale ne vous man-
» quera jamais. »

Ces belles paroles sont soutenues par l'autorité d'un saint empereur, qui disait à un
saint pape :

« J'ai dans mes mains l'épée de Cons-
» tantin, vous, celle de Pierre. Joignons
» les mains, unissons le glaive au glaive. »
( *Discours de Bossuet sur l'Unité de l'É-
glise.* )

Jurisconsultes français, tel est le BIEN dans
lequel le zèle de quelques prêtres veut nous
*précipiter,* et vers lequel la *prudence* de
quelques autres, grâce à notre constitution,
consent à ne nous mener que pas à pas.

# SECONDE PARTIE.

## DANGERS RESULTANT DES FAITS QUI VIENNENT D'ÊTRE EXPOSES

——◦◦◦——

Dans le narré qui vient d'avoir lieu, je n'ai pas cru devoir rappeler les faits qui concernent, soit l'entrée donnée dans la Chambre des pairs à un certain nombre d'évêques, soit la même faveur pour le Conseil d'Etat, soit le système général des missionnaires, soit l'invasion par les prêtres, sous un grand-maître prêtre, de toutes les parties de l'instruction publique, soit enfin la multitude de faits scandaleux, survenus relativement aux mariages, aux sépultures, aux baptêmes. Ces faits étant généralement connus, et appartenant au plan général adopté de concert par le gouvernement et par le clergé, j'ai cru devoir m'arrêter principalement sur le système de doctrine dont

7

ces faits émanent. Toutefois, comme ces faits particuliers vont comparaître dans cette seconde partie, en compagnie des quatre principaux points qui ont été traités, j'ai cru devoir les appeler ici, pour préparer l'attention du lecteur, car ils sont graves et ajoutent une grande importance à la discussion.

Dans une matière aussi vaste, on sentira que je n'ai dû traiter l'ensemble qu'après avoir épuisé les détails. Je vais montrer que le système des congrégations mis à part, celui des jésuites, celui de l'ultramontanisme, celui de l'esprit d'envahissement des prêtres, considérés isolément, suffiraient pour bouleverser un empire.

Que sera-ce de ces quatre systèmes agissant réunis?

C'est ce que j'examinerai dans une troisième partie.

# CHAPITRE PREMIER.

### DES DANGERS RÉSULTANT DE L'EXISTENCE DE LA CONGRÉGATION.

LORSQUE, pendant un temps, l'Europe a été menacée par des associations de la couleur la plus criminelle, c'est-à-dire par les jacobins, et que, pendant un autre temps, elle a chancelé sous l'empire d'associations les plus vertueuses, car il y en a une qui a pris le nom même de la vertu, il peut paraître étrange qu'il y en ait une nouvelle qui soit parvenue à se former auprès du gouvernement, si ce n'est avec une approbation expresse de sa part, au moins avec une si grande indulgence qu'elle peut passer pour de la faveur.

Ce phénomène semblerait inexplicable, si on ne faisait attention au caractère particulier d'une époque où la France a couru les plus grands dangers, et où le gouvernement a eu besoin d'appeler à lui les plus grands

7.

secours. Je traiterai plus particulièrement ce point dans une autre partie, où j'aurai à rechercher, soit le caractère du système que j'ai signalé, soit celui de ses principaux coryphées. Je n'ai à établir en ce moment que le caractère général des *congrégations*, et les dangers qui en peuvent ressortir pour tout État policé, et plus particulièrement pour la France.

L'homme isolé se sent faible. Le sentiment de cette faiblesse l'a porté dans l'origine des choses à se réunir à ses semblables, à l'effet de se procurer collectivement une force qu'il a senti lui manquer comme individu. C'est ainsi que se sont formées les sociétés. Une fois formées, de nouvelles agrégations s'établissent encore dans leur sein, et composent, sous diverses dénominations, des collèges de science, de doctrine, d'arts, de commerce et de manufactures.

Dans les temps ordinaires, ces agrégations particulières, saisies par l'agrégation générale, sont soumises et coordonnées à ses mouvemens. Dans les temps de crise, lorsque, par quelque cause, l'État est menacé, un appel général est fait ordinairement à de nouvelles forces ; et comme d'après l'ancien axiome de chimie, *corpora non agunt nisi soluta*, c'est à un déplacement de tout l'Etat qu'il faut quelquefois recourir pour sauver l'Etat ! Chose singulière ! c'est avec un mode de monarchie que les républiques menacées cherchent à se préserver. Rome, dans ses troubles, eut recours à des dictateurs. Les monarchies, de leur côté, cherchent à se préserver par un mode de république. Louis XVI eut recours aux états-généraux qui le perdirent. Philippe-le-Bel eut recours à des états-généraux qui le sauvèrent. Les monarchies d'Allemagne ont eu recours à l'association populaire de la vertu.

En France, dans ces derniers temps, lorsque toute l'Europe était inondée de carbonaris, et que les affiliés de Berton et de ses consorts menaçaient la France, contre cette force de dissolution qui tendait à des créations nouvelles, il pouvait être bon de composer des *contre-forces*, tendant à la conservation. Aussi n'est-ce pas dans ses principes que l'association allemande de la Vertu a paru dangereuse aux puissances de l'Europe, elles l'ont au contraire approuvée et favorisée. Ce n'est pas non plus dans ses principes que l'association, appelée aujourd'hui *congrégation*, doit être regardée comme vicieuse ; elle a été au contraire bienfaisante. C'est dans sa permanence, c'est par son obstination à vouloir s'étendre et se conserver, lorsque les causes qui lui ont donné naissance ont disparu, qu'elle devient un objet d'animadversion ; et alors, ni son origine respectable, ni ses principes purs, ni ses anciens services, ni le caractère recommandable de ses principaux membres, ne la mettront à l'abri de la censure.

Et d'abord on peut la considérer sous trois points de vue ; en premier lieu, comme association religieuse, n'ayant à s'occuper que de rites et de pratiques pieuses ; en second lieu, comme association politique, ayant à traiter secrètement des affaires d'État ; en troisième lieu, comme association mélangée de religion et de politique.

Sous le premier point de vue, c'est-à-dire considérée comme congrégation religieuse, je n'ai qu'à répéter ce que l'avocat-général Joh de Fleury disait au parlement de Paris

en 1760; savoir que : « Par rapport à la re-
» ligion même, selon un grand nombre de
» conciles, ces établissemens nuisent aux
» fidèles, et dérangent l'ordre établi dans
» l'Église ; qu'elles nuisent même au tem-
» porel, et introduisent le fanatisme dans
» les esprits; qu'elles ne doivent leur éta-
» blissement qu'à la négligence des minis-
» tres et à la dévotion peu éclairée des
» fidèles, qui aiment mieux ce qui est de
» leur choix, et les moyens de se sanctifier
» qui sont de leur invention, que ceux que
» Jésus-Christ leur a prescrits; que l'Église
» n'étant autre chose que l'assemblée des
» fidèles unis aux pasteurs qui la gouver-
» nent, il ne peut y avoir de légitime as-
» semblée sans leur permission; que dans
» l'ordre politique, toute assemblée faite
» sans l'approbation du prince, serait con-
» damnable, et qu'il en doit être de même
» pour les assemblées des fidèles. » ( *Regist.*
*du parlement.*)

Considérée comme politique ou comme
mélangée de religion et de politique, l'existence actuelle de la congrégation présente
des inconvéniens beaucoup plus graves. Pour

peu qu'on ait d'instruction , on est frappé
de l'énormité de force que peuvent acquérir
des combinaisons de ce genre , lorsqu'elles
sont abandonnées à elles-mêmes et favori-
sées par les circonstances. On a vu sortir des
plus petits berceaux, des puissances qui, s'é-
tendant successivement, ont fini, tels que les
Teutons et les Templiers , par remplir le
monde. On admire comment les simples des-
servans d'un hôpital ont été amenés à fon-
der à Malte et à Rhodes une puissance redoutable. On apprend, par-là, que lorsque
la plus simple combinaison se trouve au milieu d'un ordre de mouvemens importans
qui peut se rattacher à elle , ou auquel elle
peut se rattacher, elle peut prendre à la suite
des temps une dimension incalculable.

D'après ces principes , je demanderai ce
qu'on veut faire aujourd'hui de la *congré-*
*gation ?* Veut-on la laisser tomber dans le mépris par le spectacle continu qu'elle offrira
de son inutilité, et compromettre par-là le caractère honorable qui appartient à son origine ? ou bien en veut-on faire parmi nous
un objet de haine, par la crainte qu'inspi-
rera le spectacle continu d'une énergie sans

objet? La Vendée a sûrement été admirable. Voudrait-on conserver en action, dans la Bretagne et dans le Poitou, le mouvement par lequel elle s'est formée ? La police de Paris s'arrangerait-elle du mouvement qui, sous le Directoire, organisa les sections? La ville de Lyon et son préfet s'accommode-raient-ils du mouvement qui, sous la Con-vention, présida à la formation de ses mi-lices? Tout cela a disparu et obtient de nous des souvenirs de respect. Que la congréga-tion disparaisse de même, et elle obtiendra de tous les Français fidèles la reconnaissance qui est due à ses services.

Son objet primitif ayant été la défense de l'autel et du trône, s'il se trouve que l'autel et le trône ne sont pas attaqués, ou que, contre des attaques individuelles ordinaires, les moyens ordinaires sont suffisans, la con-grégation, moyen extraordinaire pour des temps extraordinaires, ne sera plus, dans le corps social, qu'une véritable superfétation. Auprès de la puissance légitime, elle se trou-vera une puissance rivale, et par-là mena-çante ; auprès du corps des citoyens, elle deviendra une puissance tracassière, en ce

que voulant faire, lorsqu'elle n'a rien à faire,
elle désordonnera l'action régulière de l'É-
tat. Partout où ses forces se porteront, elles
feront surabonder les forces existantes. En
portant la précipitation là où il ne faut que
du mouvement, elle détruira partout l'équi-
libre ; elle mettra le feu là où il ne faut que
de la chaleur.

Ce ne sont pas les seuls dangers. La congrégation est-elle une puissance isolée ?
Non, certes. Elle se présente comme prédo-
minante, de conserve avec plusieurs autres
puissances déjà prédominantes et se soute-
nant les unes les autres. Auprès de toutes
ces puissances, si on veut faire attention au
vide immense que la révolution a laissé, on
s'apercevra qu'à la différence des anciens
temps, où le corps social était rempli et for-
tifié d'institutions diverses, il y a aujour-
d'hui absence totale. La congrégation n'ayant
plus d'obstacles, prendra d'autant plus de
place, qu'elle ne trouvera rien auprès d'elle.
Au milieu d'une monarchie qui certes n'est
pas nouvelle, mais qui s'est placée sur certaines bases qui peuvent paraître nouvelles ;
auprès d'une Chambre des pairs nouvelle-

ment et assez singulièrement composée ; auprès de corps judiciaires tout nouveaux, in-
certains partout de leur sphère et de leurs
attributions ; auprès d'une noblesse qui voudrait avoir un corps , et qui n'est qu'une
ombre ; auprès d'une classe moyenne , qui
voit le monde entier dans le mouvement industriel ; enfin, auprès d'institutions dépar-
tementales et municipales sans organisation,
et par conséquent sans consistance , toutes
les fois qu'une combinaison particulière sociale se présentera avec un grand volume et
un grand mouvement , on peut s'attendre
qu'elle aura un grand effet, qu'elle envahira
toutes les places vacantes, et encore les
places mal gardées. Une puissance laïque
formée par la puissance ecclésiastique, à
l'effet d'entrer dans les choses du monde, y
entrera certainement avec facilité et par
toutes les issues. Dans l'état où est la France,
on veut sans cesse nous donner des soldats :
qu'on nous donne des architectes. On veut
nous donner une puissance qui combatte :
donnez-nous une puissance qui édifie.

A toutes ces considérations on peut ajouter celles qu'un jurisconsulte, extrêmement

honorable, vient de publier. Il n'hésite pas
à décider qu'avec une association de ce
genre *la sûreté intérieure serait continuelle-*
*ment menacée* [1], *la sûreté même du monar-*
*que et celle de sa dynastie troublée.* Comment est-il possible dès-lors à un royaliste
de s'arrêter à défendre une telle institution ! Aussi ne cherche-t-on pas aujour-
d'hui à défendre ; on cherche seulement
à éluder. Les uns se fient à un mouvement
d'opposition générale qu'on voit partout se
manifester; les autres croient que le gouvernement, qui a long-temps soutenu en secret
la congrégation, cherche à la faire disparaître ou à la modifier.

Commençons par les oppositions.

Je conviens qu'elles ne manquent pas. Il y
en a sûrement de très-fortes de la part de
plusieurs membres honorables du clergé qui
voient avec peine, comme M. Billecoq, la religion et le sacerdoce se commettre dans une
carrière que le zèle de quelques hommes res-
pectés peut faire trouver excusable, mais

---

[1] Du Clergé de France, p. 78.

que l'esprit de prévoyance, l'expérience des siècles, une connaissance plus approfondie des faiblesses humaines, en même temps que les vœux secrets de quelques personnages influens, leur fait regarder comme une invention ambitieuse.

Une autre partie d'opposition se manifeste dans les corps judiciaires. D'anciens magistrats imbus des doctrines parlementaires, la mémoire pleine des anciens jugemens portés dans toute l'Europe contre l'institution des jésuites et leur système d'affiliation; des magistrats qui, par eux-mêmes ou par des traditions récentes, sont pénétrés des dangers, non-seulement de l'ultramontanisme, c'est-à-dire de la doctrine qui consacre la suprématie des papes sur les rois, mais dans les simples prêtres, de la prétention d'étendre, aux dépens de toute autre domination, leur propre domination, s'étonnent et s'interrogent sur une puissance nouvelle qui, sur le théâtre politique, occupe déjà une grande place, et qui, sur celui des influences morales, l'a envahie tout entière.

Une autre partie d'opposition se trouve dans quelques royalistes, lesquels étant at-

tachés de cœur à la cause de la royauté, à
ses prérogatives, à sa supériorité, à sa dignité, s'impatientent du rang auquel on veut
faire descendre le monarque, et déclarent
qu'ils ne veulent pas plus de la souveraineté
des prêtres que de la souveraineté du peuple.

Un autre élément d'opposition se trouve
dans le corps de la nation qui, étant attachée
au régime de la monarchie selon la Charte,
voit avec inquiétude une puissance nouvelle,
peu amie de la constitution actuelle des choses, y méditer des changemens, et prendre
chaque jour des forces pour l'effectuer.

Je pourrais mentionner aussi, si je voulais, l'opposition révolutionnaire. Mais tandis que le reste de la France se lamente et
s'afflige, je crains que celle-ci ne se réjouisse
de ces excroissances nouvelles qui vont faire
sentir leur aiguillon à la légitimité, venger
les parties impures de la classe de leurs dé-
faites, et créer pour elles d'heureuses sources
de mécontentement et de révolte.

Quelques personnes tournent leur espérance vers la Chambre des députés. S'il est
vrai qu'il n'y ait encore dans cette Chambre
que 105, 120 ou 130 membres de la congréga-

( 111 )

tion, la majorité non congréganiste se trouve sans doute considérable. A la cour, dans la garde royale, parmi les officiers et sous-officiers de l'armée, on peut compter une majorité encore plus grande.

Enfin, comme on sait que le monarque, les princes et les princesses de son auguste famille, ne figurent en aucune manière dans ces nouveautés, et que quelques-uns même de nos grands personnages, auxquels le respect des Français s'attache particulièrement, les improuvent, non-seulement une portion du public, mais des hommes, même réputés avisés, affectent de l'indifférence.

Voilà bien des motifs d'espérance. Faut-il s'y fier?

Certes, si cet ensemble d'opposition était habilement dressé et dirigé, comme il a une grande importance, il pourrait avoir un grand effet. Pour cela il faudrait qu'il parût avec des garanties imposantes. Mais si au plus haut de l'Etat les hommes les plus considérables n'ont que des opinions fausses, et si dans le centre, les hommes les plus recommandables partagent leurs méprises, que faire avec ces deux espèces d'hommes! Je

dois rendre compte à cet égard de diverses
confidences qui m'ont été faites.

Et d'abord, au plus haut de l'État, celui-ci
ne désavoue pas la puissance de la congrégation; mais il laisse entrevoir qu'elle ne peut
être durable. « C'est un torrent, dit-il, qu'il
» faut laisser écouler. » Celui-là me dit que
c'est une puissance établie, avec laquelle
il faut s'arranger. « En Bretagne, par exem-
» ple, quelque autorité que vous ayez, soit
» comme grand propriétaire, soit comme
» ancien seigneur, votre influence sera
» nulle, si vous ne la soumettez pas à celle
» des prêtres. » Un autre m'allègue pour
principe, que quand on appartient à un
parti, il faut marcher avec sa sagesse, comme
avec ses folies, et ne jamais l'abandonner.

Auprès des hommes pieux vous ne trouvez pas plus de ressource : celui-ci vous
dit que la royauté et la religion ayant couru
de grands dangers, on ne saurait donner
trop de force à une combinaison formée
d'hommes religieux et de royalistes. Un
autre vous dit que dans un siècle qui professe l'amour de la liberté, d'une manière
qui signifie par-dessus tout la haine du pou-

voir, on ne saurait donner trop d'avantage au clergé qui est particulièrement ami du pouvoir ; un troisième que dans un siècle qui professe je ne sais quelle philosophie qui n'est autre chose que l'impiété, on ne saurait donner trop d'autorité à une combinaison essentiellement amie de la religion.

Si l'on pouvait espérer de faire entendre raison à ces personnages, on dirait à celui-ci que si l'on ne peut toujours arrêter les torrens, on peut au moins les détourner : ils passent, il est vrai, mais après avoir tout ravagé. Il en est ainsi des factions. N'en tenir compte, est une faute ; leur donner appui, est un crime. On dirait à celui-là, que si en Bretagne et dans d'autres parties de la France, l'influence des prêtres efface celle des propriétaires, c'est un vice qu'il faut réformer, et non pas un ordre de choses qu'on doive favoriser. On dirait à un troisième que si un simple soldat du troupeau, *gregarius miles*, est excusable de se laisser entraîner aux folies de son parti, celui-là ne peut plus l'être, qui revêtu de l'autorité est parvenu au suprême pouvoir ; que tout est perdu, lorsque, chef d'un parti qui s'égare, on n'a plus

8

auprès de lui l'espérance de le faire revenir de ses écarts. On dirait à tous que l'esprit du mal prend toute sorte de bannières pour arriver à ses fins. Au nom de la liberté, il nous mène à la servitude; au nom de l'humanité, à des massacres; au nom de la religion, il nous mènera tout de même à l'impiété. La France, si elle était livrée aux folies royalistes de Coblentz, ou aux folies religieuses de l'Espagne, croulerait aussi vite que sous les bannières franchement déployées de l'impiété et du républicanisme.

C'est ainsi qu'au milieu de la confiance de ceux-ci et de l'insouciance de ceux-là, de l'opposition de quelques autres, l'Etat marche à pleine voile vers les abîmes. L'opposition sur laquelle on se fie a beau être nombreuse, elle ne peut avoir aucun effet, lorsque d'un côté décréditée par des voix révolutionnaires qui se mêlent aux voix royalistes, elle n'a pour support qu'une masse respectable, à beaucoup d'égards, mais toute désunie. Le parti assaillant au contraire, encore qu'il ait quelques points de division, est bien autrement lié dans toutes ses parties. Avec des rangs composés, des

pouvoirs distribués, une hiérarchie faite, il
marche au milieu des consciences aveuglées
sur un terrain et vers un but qu'il connaît
bien. Peut-être a-t-il contre lui en secret
le gouvernement qui paraît le favoriser.
Qu'importe si ce gouvernement qu'il a
courbé, il le force de marcher avec lui !
Oui, l'opposition est forte ; elle est immense.
On la vaincra souvent : on ne la soumettra
jamais. (C'est même pour moi un motif d'inquiétude : car l'esperance, en ce cas,
est celle de la guerre civile.) Quoi qu'on
fasse, la France ne consentira jamais à la
dégradation de son roi et à la sienne. Je
suis convaincu en même temps que le parti
qui y tend ne se départira pas de sa voie.
Que me fait après cela la sécurité de quelques *béats* religieux ou de quelques *béats*
politiques ? Encore et encore nous ne sommes pas au temps des grands malheurs :
nous sommes au temps des grands dangers.

En même temps que je trace ces lignes,
on m'assure que la congrégation n'existe
plus, ou du moins a tout-à-fait changé d'objet. Il paraît qu'on a voulu persuader la même
chose à M. Billecoq, et qu'on y est par-

venu J'apprends moi-même, par le témoignage de personnes que je respecte, qu'à la
suite des missions il y a eu des congrégations toutes pieuses dont elles faisaient partie,
et qui n'avaient aucun objet politique. Que
puis-je dire! ce que j'ai affirmé au passé est
CERTAIN : ce qu'on m'allègue au présent peut
l'être de même ; et malgré cela il est cons-
tant qu'il existe dans toute la France un système de congrégations qui partout se corres-
pondent, ou manœuvrent pour se correspon-
dre. A-t-on réussi à les réduire à de simples
rites? je l'ignore; mais voici ce que je sais.

Je sais que ce système plus ou moins
favorisé, plus ou moins dissimulé, porte le
trouble partout

Je sais que la France entière est imbue de
l'opinion qu'elle est gouvernée aujourd'hui,
non par son roi et par ses hommes d'État,
mais comme l'Angleterre des Stuart, par des
jésuites et par des congrégations.

Je sais qu'il y a sur ce point, chez les uns
un mouvement de douleur, chez d'autres
un mouvement de dérision, chez le plus
grand nombre un sentiment de honte qu'une
nation ne peut long-temps supporter.

Je sais que cette disposition, que la fidélité au roi de la part des membres actuels
du gouvernement, devrait chercher à repousser, en repoussant les rumeurs qui
l'entretiennent, est négligée par ceux-ci
comme insignifiante, et que les rumeurs sont
propagées par ceux-là comme utiles.

Je sais que de grands personnages, au
plus haut de l'Etat, et encore d'autres dans
un degré inférieur, qui appartiennent plus
à la vie monastique qu'à la vie chrétienne,
loin de gémir de cet état de choses, s'en ap-
plaudissent et le secondent de toutes leurs
forces.

Je sais que la plupart des évêques marchent avec ardeur dans cette direction, et
que dans beaucoup de villes de préfecture,
des coteries particulières sous leur direction,
ne cessent de tourmenter, et finalement de
dominer les dispositions des préfets, pour
les faire entrer bon gré mal gré dans leurs
vues.

Je sais que les préfets se plaignent *tout
bas*. Je dis tout bas, dans la persuasion où
ils sont, d'après beaucoup d'exemples, que
la moindre dissidence de leur part sera, au-

près du gouvernement, un sujet de disgrâce.

Je sais que des magistrats très-royalistes et très-pieux, soit à Paris, soit dans les provinces, sont effrayés.

Je sais qu'auprès du roi, des personnes qui lui sont ardemment dévouées, lesquelles avaient, dans le principe, partagé ces vues, sont aujourd'hui dans la terreur, et qu'au plus haut on n'est pas rassuré.

Enfin je sais que parmi les ministres quelques-uns qui caressent ces dispositions qu'ils n'osent combattre, prennent dans leur intérieur des précautions pour échapper à leurs effets.

Dans une telle situation, si nous étions encore sous l'ancien régime, je verrais au-devant de moi des parlemens, de grandes corporations, de grandes institutions. Je saurais où me réfugier, je saurais, pour la défense de mon roi et de mon pays, où chercher des armes; aujourd'hui je ne le sais pas.

J'apprends en ce moment, par un recensement nouvellement fait, que la congrégation renferme en France 48,000 individus Le moyen, a dit un grand personnage congréganiste, de résister à une semblable puissance!

# CHAPITRE II.

## DANGERS RÉSULTANT DE L'INVASION DES JÉSUITES.

POUR prouver que le retour des jésuites est indispensable à la France, on allègue les grands malheurs qui ont suivi leur suppression; on affirme que c'est à cette suppression, en 1762, que nous devons l'explosion, d'abord de l'esprit philosophique, bientôt celle de la révolution. Je ne puis comprendre une telle assertion. Il me semble que c'est pleinement de l'école des jésuites que sont sortis d'Alembert, Raynal, Helvétius, Voltaire, c'est-à-dire tous les premiers apôtres de l'impiété. Diderot lui-même avait été élevé chez les jésuites; de plus, il avait fait cinq ans de théologie au séminaire de Saint-Louis dépendant de Saint-Sulpice.

Comment! c'est la retraite des jésuites qui a donné naissance à l'esprit philosophique! Mais après cette suppression, la foi chré-

tienne a-t-elle été abandonnée ? le zèle de
M. de Beaumont s'est-il refroidi? les ouvrages de M. Bergier, de M. Voisin et de
l'abbé Guénée ont-ils manqué de talent et
de célébrité? ces philosophes eux-mêmes
si redoutables n'ont-ils pas été joués sur la
scène? a-t-on oublié la Dunciade et la
comédie des Philosophes? a-t-on oublié les
satires de Gilbert? le parlement de Paris
lui-même a-t-il manqué de faire brûler par
la main du bourreau les livres impies qui
ont été à sa connaissance ? n'a-t-il pas fait
rompre vif le chevalier de la Barre? Qu'aurait pu faire de mieux la société des jésuites?

Soyons vrais ; la philosophie du dix-huitième siècle qu'on dit être provenue de l'absence des jésuites, est précisément sortie
de leur école. Aussi ne sont-ce pas les philosophes qui les ont attaqués. En recherchant
leurs ouvrages, on trouve qu'ils les ont re-
grettés. D'Alembert , Jean-Jacques, Voltaire ,
leur ont donné des éloges. Cette partie de la
justification des jésuites est précisément ce
qui pourrait les faire condamner. Mais il
n'est pas nécessaire de s'y arrêter. Le repous-

sement général contre les jésuites appartient
à des motifs plus graves.

Et d'abord si on consulte chez tous les
hommes instruits les impressions qu'ils ont
reçues de leur jeunesse, si on veut rappeler
dans sa mémoire les faits anciens qui concernent les jésuites, ce dont on est frappé avant
tout, c'est la multitude de jésuites de tous
les pays qui ont été condamnés aux galères,
exilés, pendus. Parmi les pendus figurent
en Angleterre un père Briond, pour avoir
conspiré contre la reine Elisabeth; un père
Campian, pour la même faute; un père Ker-
vins, comme complice des précédens. De
plus, un père Parsons, un père Ballard. En
France, c'est un père Guignard. Celui-là n'a
pas été pendu, mais écartelé et brûlé en
place de Grève. C'est son confrère le père
Gueret. En Portugal, c'est un père Mala-
grida; c'est le père Jean Mathos, le père
Jean Alexandre. Je ne finirais pas, si je voulais
rechercher et citer tous les noms des jésuites
chassés, envoyés aux galères, poursuivis par
les diverses cours de justice en divers pays
et en divers temps. Conspiration d'Etat,
doctrines, tentatives ou exécution, jusqu'a

soixante-huit écrivains de cet ordre en faveur du régicide : leur histoire n'est qu'une
suite d'attentats.

Quand, depuis un siècle, tous les esprits
en France sont frappés de cette impression,
on se demande par quel miracle d'aveuglement une multitude de bonnes ames s'obs-
tinent à demander des jésuites. Si aujour-
d'hui il plaisait au gouvernement de rassem-
bler, je ne dirai pas nominativement, tous
les membres vivans de la Convention, mais
avec leurs enfans et leurs disciples, leurs
prôneurs, leurs fauteurs, leurs admira-
teurs, pour en faire une institution particulière; confier à cette institution l'éducation
de la jeunesse, la personne de nos princes,
qui sait! peut-être même la personne de
Monseigneur le duc de Bordeaux, il y aurait un cri d'indignation dans toute l'Europe, et probablement de la résistance
en France. Les bonnes ames aujourd'hui
consentent à s'effrayer de ceux qui, sous
le nom de jacobins, prétendent avoir le
droit d'assassiner ou de déposer les rois
par l'autorité du peuple. Ils ne le sont point
du tout de ceux qui prétendent avoir le droit

de les déposer ou de les assassiner par l'autorité du pape.

On peut dire que c'est là une inconséquence de la tourbe. Voyons comment les beaux esprits ( ces metteurs en œuvre des absurdités de tous les temps ) réussissent à parer leur idole.

« Ces crimes, disent-ils, que vous recherchez avec tant de soin, sont le fait de quelques individus, nullement celui du corps, encore moins de son institution. Que des jésuites aient voulu tuer des princes qu'ils regardaient comme des tyrans, ce n'est ni ce que nous contestons, ni ce que nous approuvons. Mais ces crimes et les doctrines qui ont été publiées à leur appui, appartiennent-ils seulement aux jésuites ? Combien de philosophes, de bons libéraux, de bons jacobins en ont fait autant? Nous admettons, si vous voulez, que pendant toute la vie d'Henri IV, les jésuites ont médité de le tuer, et que finalement ils l'ont fait assassiner. Mais Damiens qui a poignardé Louis XV, Louvel qui a assassiné le duc de Berry, les assassins de Louis XVI, ceux de Marie-Antoinette et de la princesse de Lamballe, n'étaient

pas jésuites. On n'a pas bouleversé la France
pour ces crimes. Dans les temps anciens où
il n'y avait pas de jésuites, des armées ont
déposé leurs généraux ; des gardes ont assassiné leur empereur ; le clergé en corps a
déposé Louis-le-Débonnaire et Charles-le-
Chauve. Plusieurs papes ont déposé des
princes et des rois. On accuse les jésuites de
violences et de crimes ; mais les dominicains
n'ont-ils pas établi l'inquisition ? n'ont-ils
pas fait mourir par le fer et par le feu des
milliers d'Albigeois ? Etait-ce un jésuite que
celui qui disait d'un mélange d'hérétiques
et de catholiques faits prisonniers pêle-mêle :
*Tuez tout : Dieu reconnaîtra ceux qui lui ap-*
*partiennent.* Dans le palais, n'est-il jamais
arrivé que des courtisans aient assassiné leur
prince ; dans la maison, que des serviteurs
aient assassiné leurs maîtres ? En Allemagne,
de bons jeunes libéraux n'ont-ils pas assassiné
Kotzebue ? La mort de Kléber ne nous ap-
prend-elle pas que les Musulmans ont aussi
leur meurtre sacré ? Vous proscrivez les jésuites, parce que, dans des temps de folie,
quelques-uns d'entre eux se sont arrogé le
droit de faire tuer les rois. Supprimez aussi

les armées, parce qu'il y en a eu qui se sont
révoltées contre leurs chefs, proscrivez les
assemblées représentatives, parce qu'il y
a eu dans le nombre de ces assemblées, des
conventions et des *longs parlemens;* proscrivez la liberté, parce qu'elle a produit des
crimes; la religion, parce qu'elle a eu des
fanatiques. Les fautes ou les crimes des jésuites d'autrefois appartiennent aux temps et
aux erreurs d'autrefois. Les temps et les
jésuites d'aujourd'hui sont d'une autre nature. Oui, nous leur confierons la jeunesse
de nos princes, la personne même de Mgr. le
duc de Bordeaux, comme nous les confions
à l'armée actuelle, à la garde actuelle, quels
qu'aient pu être les délits des anciennes
gardes et des anciennes armées. »

Quelque ingénieuse que soit la défense
d'une mauvaise cause, il est facile à travers
l'art des paroles de trouver le point de so-
phisme. Il se trouve ici dans deux supposi-
tions : la première, que l'institution actuelle
des jésuites n'est pas la même que celle d'autrefois; la seconde, que les jésuites sont en
France d'une nécessité semblable à celle des
corps judiciaires, des gardes et des armées.

Cette dernière prétention me paraît surtout extraordinaire. Quand une institution indispensable se présente dans un
Etat, et qu'elle montre l'appareil d'une
grande puissance, la sagesse fait prendre
relativement à cette institution les précautions nécessaires pour jouir de sa puissance
et se préserver de ses écarts. Les armées et
les gardes du palais sont mises ainsi sous une
discipline sévère, les assemblées délibéran-
tes sont soumises à des règles sur lesquelles
on veille avec l'autorité nécessaire pour que
ces corps ne puissent les transgresser. Peut-on
dire que les jésuites qui ont cessé d'être Français du moment qu'ils se sont engagés par
serment à l'obéissance d'un prince et d'un
général étranger, sont soumis au roi de France
comme le sont ses armées et sa garde? Peut-
on dire que leurs opérations ainsi que leurs
délibérations sont livrées à la publicité, et
à des règles aussi préservatives que celles
qui régissent nos assemblées? Le pape et le
général des jésuites sont sûrement les amis
de la France : je suis convaincu qu'ils n'ont
l'intention de nous faire aucun mal ; mais le
roi de Prusse et l'empereur d'Autriche sont

aussi de nos amis. Que dirait-on du projet de faire entrer en France, pour notre protection et sous leurs ordres, cent ou deux cent mille hommes de leurs troupes?

En examinant ce que les jésuites ont été autrefois, on allègue que la question est mal posée. Elle le serait bien plus mal en examinant seulement ce qu'ils sont à présent. D'abord c'est que, selon ce que nous connaissons d'eux par le passé, il est indifférent aux membres de cet ordre d'adopter telle ou telle doctrine, telle ou telle ligne de conduite; tout est subordonné en ce genre aux circonstances et à la position que les circonstances leur commandent. Tout est subordonné aussi à la volonté du pape et à celle de leur général. Encore que l'ultramontanisme ait parmi eux une grande faveur, je suis convaincu qu'il y a à Montrouge, ainsi que dans les bureaux de M. Franchet, un certain nombre de gallicans qu'on tient en réserve pour les produire dans l'occasion. On obtiendra d'eux quand on voudra, pour la Charte et pour l'égalité devant la loi, les professions qu'on exigera.

J'irai plus loin.

Dans ce premier moment de leur apparition, au milieu d'un pays tout dévoué à la légitimité, je suis convaincu que les promoteurs de l'institution se sont attachés à entretenir leurs élèves dans les meilleurs principes. Je ne doute pas que non-seulement le révérend père Gènes. , mais chacun des religieux en particulier, ne soient animés sincèrement d'amour pour le prince, de respect pour ses ordres; qu'ils ne soient animés de même de la meilleure volonté, pour entrer dans notre nouveau système civil et politique. On m'assure que de Montrouge et de Saint-Acheul, il parvient fréquemment à monseigneur le Dauphin, aux princes et princesses du sang, les protestations les plus vives, d'amour, d'obéissance, de fidélité. Je les crois sincères. Relativement à la morale de l'ordre, qu'on a signalée autrefois comme relâchée, je ne doute pas que les nouveaux religieux ne se montrent aujourd'hui très-austères. J'apprends qu'ils en sont venus jusqu'à interdire à leurs élèves non-seulement les bals et les spectacles, mais encore à Paris les promenades aux Tuileries et dans les places publiques. Je sais tout cela, mais je sais aussi que c'est une mauvaise manière de raisonner sur une institution, que de la juger sur son début. C'est sa nature qu'il faut examiner avant tout ; c'est son organisation, son esprit, sa tendance. Les loups sont en général d'assez mauvaises bêtes. Ils dévorent les moutons, les chiens, quelquefois les bergers. Et cependant j'ai rencontré dans des maisons particulières de jeunes louveteaux tout-à-fait familiers. Ces louveteaux tout jeunes vous caressent, vous lèchent. Laissez-les grandir ! Rois de l'Europe, l'institution des jésuites vous lèche aujourd'hui, vous caresse. Elle est dans l'innocence de l'âge. Laissez-la arriver à la puberté ! Laissez-la développer son véritable caractère !

Je serai franc à cet égard. Je ne crois pas que ce caractère soit de la férocité. Je ne crois pas que l'intention précise des jésuites ait jamais été de tuer les rois. Elle a été seulement de les dominer. Il fallait les tenir menacés sans cesse, afin de les tenir sans cesse subjugués.

On espère qu'il y a à cet égard quelque chose de changé aujourd'hui. Mais c'est évidemment le même esprit , puisque c'est la

9

même institution. Le bref de Pie VII ne laisse à cet égard aucun doute.

Après avoir spécifié les motifs de leur rétablissement, le souverain pontife déclare « que les jésuites seront distribués dans un » ou plusieurs colléges, dans une ou plu- » sieurs provinces, sous l'autorité de leur » général; que là ils conformeront leur » manière de vivre à la règle prescrite par » saint Ignace de Loyola, approuvée et » confirmée par Paul III. » C'est positif.

Actuellement quand on sait qu'en se conformant à cette règle, les jésuites se sont fait chasser jusqu'à trente-sept fois dans les diverses parties de l'Europe; lorsqu'on sait qu'après avoir fait assassiner Henri III, ils se faisaient non-seulement absoudre par le pape, mais encore approuver[1]; lorsqu'on sait qu'ils faisaient ensuite assassiner Henri IV et qu'ils obtenaient de même l'approbation du Saint-Siége; enfin lorsqu'on sait que tous leurs livres de doctrine régicide ont été approuvés par leurs supérieurs,

---

[1] Le père Varade trouvait qu'il y avait un péché véniel.

quelquefois par le souverain pontife ; avec tous ces faits présens à la mémoire, que reste-t-il à penser? Joignons à tout cela le prononcé authentique de tous les parlemens du royaume. Voici les conclusions du parlement de Paris.

« En conséquence, la Cour, toutes les
» chambres assemblées, faisant droit sur
» l'appel comme d'abus interjeté par le
» procureur-général du roi, de l'institut et
» constitution de la société de Jésus,... dit
» qu'il y a abus dans ledit institut, bulles,
» brefs, lettres apostoliques, constitution,
» déclarations, formules de vœux, décrets
» des généraux et congrégations générales
» de ladite société ; ce faisant, déclare ledit
» institut inadmissible par sa nature *dans*
» *tout État policé,* comme contraire au droit
› naturel, attentatoire à toute autorité spi-
» rituelle et temporelle, et tendant à intro-
» duire sous le voile d'un intérêt religieux
» un *corps politique,* dont l'essence con-
» siste dans une activité continuelle, pour
» parvenir par toute sorte de voie directe
» ou indirecte, sourde ou publique, d'a-
» bord à une indépendance absolue, et suc-

9*

» cessivement à l'usurpation de toute au-
» torité. »

Quand on sait que par ces motifs le roi
de France les chasse en 1763, que le roi
d'Espagne en fait autant en 1767, le roi de
Naples, le duc de Parme, le Grand-Maître
de Malte en 1768; qu'enfin le pape lui-
même Clément XIV déclare, en 1773, leur
société à jamais dissoute et abolie, on s'é-
tonne que quelqu'un de sensé imagine de
vanter une telle institution.

Et cependant on assure que le plan est
fait; qu'il y a seulement sur ce point deux
avis dans le gouvernement. Une partie qui,
suivant la direction de M. de Lamennais, veut
absolument se précipiter dans le bien, vien-
dra un jour se présenter à la Chambre des
députés, déclarer l'existence ignorée de
quarante collèges et de vingt mille élèves,
et affirmer que le cri de la France entière
est pour le rétablissement des jésuites. On
assure qu'alors la partie du gouvernement
qui, selon la direction de M. d'Hermopolis,
ne veut aller *au bien* qu'à pas comptés, de-
mandera par amendement la conservation
seulement de quelques maisons d'éducation

avec la clause expresse de leur subordination à l'université, et de leur soumission aux évêques. On espère alors que toute la partie de la Chambre qui est opposée aux jésuites, saisie dans le piége et croyant avoir remporté une victoire, acceptera le retour des jésuites *avec les modifications*.

Je désire, de tout mon cœur, que cette annonce ne se réalise pas. Il en résulterait pour toute la France un mouvement mêlé d'indignation et de dérision qui, rejaillissant sur les choses comme sur les personnes les plus sacrées, affaiblirait tellement les respects, qu'à la fin l'obéissance même en pourrait être atteinte.

Quelques personnes veulent ne pas comprendre comment le rappel des jésuites ferait cette impression. Elles ne veulent pas faire attention aux mouvemens les plus naturels du cœur de l'homme. Non sans doute, ce ne sont pas les jésuites d'aujourd'hui qui sont imputables des crimes qui ont été commis autrefois ; mais ce sont des jésuites ; et ce sont ces jésuites, c'est cet ordre, cette ancienne institution, avec toutes ses anciennes traditions, que vous reproduisez !

Dans l'armée, si un régiment quelconque avait malheureusement renfermé dans son sein un petit nombre d'hommes semblables au père Guignard, au père Gueret, au père Varade, certainement, encore que le corps entier n'eût pas participé à leurs crimes, un tel corps serait aboli. Il y a, à cet égard, plusieurs exemples; il n'y en a aucun de l'audace qui se permettrait de réclamer son rétablissement. C'est l'observation que faisait à Henri IV le premier président du Harlay, en rappelant l'histoire de l'assassinat du cardinal Boromée par un religieux de l'ordre des Humiliés. « Les jésuites se plai-
» gnent, dans leurs écrits, que toute la com-
» pagnie ne devait pas porter la faute de
» trois ou quatre. Mais encore que l'assassi-
» nat du cardinal Boromée n'eût été machiné
» que par un seul religieux de cet ordre,
» tout l'ordre fut aboli par le pape Pie V,
» suivant la résolution de l'assemblée des
» cardinaux, quelque instance que le roi
» d'Espagne fît au contraire. »

Je passe dans la rue Richelieu. Je trouve à l'ancien emplacement de l'Opéra un amas de blocs de pierres. Ces blocs, ces édifices auxquels ils appartenaient, ont-ils été coupables de l'assassinat du duc de Berry ? Non, sans doute. On a voulu seulement éloigner ce qui pouvait rappeler le souvenir d'un événement horrible. Lors de cet événement, on a vu toutes les familles du nom de Louvel, dont quelques-unes étaient honorables, s'empresser de changer de nom. Lors de l'assassinat de Louis XV par Damiens, tous les Damiens du royaume en firent autant. Il n'y eut pas jusqu'à la ville d'Amiens qui, à cet effet, envoya une députation à Versailles. En vérité je dois des éloges à l'habileté autant qu'à la pudeur des jésuites d'aujourd'hui, qui, en revenant parmi nous, ont cru devoir cacher, pendant quelque temps, sous le nom de pères de la foi, un nom odieux et honteux.

Sans utilité comme corps religieux ( nous avons assez de nos curés et de nos évêques ); sans utilité comme corps enseignant ( nous avons assez de nos écoles et de nos universités); objet de réprobation par les lois; objet d'exécration par les souvenirs tendant à éloigner les affections envers des personnages augustes qui ont l'air de les favoriser, ainsi qu'envers la religion à laquelle on s'empresse de les associer ; sujet de dissension parmi nous, à raison du fanatisme ardent avec lequel un certain parti s'emploie en leur faveur, et d'un fanatisme non moins ardent, à ce que j'espère, avec lequel un autre parti cherche à les repousser; dans un tel ensemble de choses, si le gouvernement pense sérieusement à rétablir les jésuites, il ne faut pas qu'il soit, comme on le dit, seulement trompé, seulement aveuglé, il faut qu'il soit ensorcelé.

# CHAPITRE III.

## DANGERS RÉSULTANT DE L'ULTRAMONTANISME

EN commençant cet ouvrage je me proposais de parler avec quelque ménagement des fous qui s'efforcent de placer la religion dans les congrégations, dans les jésuites, dans l'ultramontanisme. Cela m'a été impossible.

Ordinairement les choses précieuses, telles que la sûreté des États, celle des princes, se placent dans des citadelles, dans des places-fortes qu'on cherche à rendre inattaquables. Si par hasard on choisissait des places ouvertes, démantelées, l'extravagance d'un tel peuple et celle de son gouvernement seraient signalées. C'est ce qu'on a fait pour la religion; elle avait pour sa défense les miracles de son fondateur, les prédictions de ses prophètes, le sang de ses martyrs, les vertus et l'autorité de son Église, c'est-à-dire de ses évêques et de ses pasteurs. De bonnes gens,

se croyant habiles, ont cru devoir la tirer
de-là : ils l'ont placée comme par exprès dans
une position sans défense, et sous des dra-
peaux décriés. Ces hommes ont si bien réussi,
que pour une partie de la France religieuse
aveuglée, la religion et les jésuites, la religion et la congrégation , la religion et l'ultramontanisme ont paru la même chose.

Cette ineptie ayant eu un plein succès, les
restes d'un ancien parti philosophique, impie, libéral, comme on voudra l'appeler, se
sont aussitôt mis en mouvement. Ils n'ont
fait qu'attaquer la congrégation, les jésuites,
l'ultramontanisme ; mais à raison de la confusion établie, leurs attaques ont fait sur une
grande partie de la France la même impression que s'ils eussent attaqué la religion elle-
même.

Il est résulté de cette circonstance le plus
singulier embarras pour la Cour royale ; j'en
ai déjà parlé, je dois y revenir encore. Il
consistait dans le dilemme suivant : pronon-
çait-elle contre les journaux inculpés? tout
était arrangé d'avance pour faire considérer
son arrêt comme étant en faveur des jésuites
et de l'ultramontanisme ; jugeait-elle en fa-

veur ? tout était arrangé pour tourner son jugement en scandale. En tançant les journaux à raison de leurs inconvenances, en dénonçant en même temps le scandale de l'ultramontanisme et de ses auxiliaires, elle a voulu échapper au piége qui lui était dressé ; elle a rempli sans doute un devoir, mais elle a trompé de grandes espérances, et excité par-là de grands ressentimens.

Quand je porte mon attention sur ces ressentimens, je ne puis que gémir du zèle avec lequel de véritables défenseurs du roi, de la religion, de la société, s'évertuent à provoquer leur ruine. Je voudrais leur faire comprendre leur contre-sens, et pour cela, je vais en me supposant leur zèle, m'établir dans les positions suivantes.

Je me place d'abord auprès d'un grand monarque du Nord. Admis à ses bontés et à sa confiance, je lui dis : Sire, vous êtes un prince bienfaisant, vous voulez le bonheur de votre nation ; voici comment vous devez procéder. Il faut changer brusquement ses habitudes, heurter ses goûts, choquer tout l'esprit national. Qu'est-ce que cet ancien costume, que ces anciennes mœurs militaires ? La Prusse qui n'est pas loin de vous est la perfection, elle est aussi un modèle. Persuadez au peuple russe, à vos officiers, à vos courtisans de cesser d'être Russes ; présentez-vous vous-même à vos soldats avec un costume allemand et en uniforme prussien.

Ce système admirable ne réussit pas. Je vais alors en Angleterre. J'y trouve au milieu d'une nation protestante très-chatouilleuse un monarque catholique. Je lui dis : Sire, que voulez-vous faire de cette nation hérétique ? Elle ne vous laissera jamais de repos. Mettez-vous sous la protection du pape ; mettez autour de vous en abondance des ultramontains et des jésuites, vous serez adoré.

Eh bien ! ce système ne réussit pas mieux que le précédent ; je me transporte alors à Dresde auprès du roi de Saxe. Comment ! un roi catholique au milieu d'un peuple luthérien et avec des ministres luthériens ! Sire, il faut changer cet état de choses. Vos devoirs de catholique vous y obligent. Vous n'avez reçu la puissance que pour servir la religion. Au lieu de vos ministres luthériens, faites-moi venir bien vite M. de M..., M. de B..., M. de L.., pour les remplacer. Cette fois mes conseils ne sont pas suivis; et la Saxe est conservée.

Me voici de retour en France. O l'heureux pays! Que désirez-vous ? que voulez-vous? Est-ce du jésuitisme? nous en sommes pleins. Est-ce du gallicanisme? en voilà. De l'ultra-montanisme? encore mieux. Cela révolte une grande partie de la France. Elle s'y fera. Un bon nombre de royalistes, bien dévoués, bien ardens, bien bêtes, soutenus par un autre bon nombre de royalistes pleins d'esprit, de vertus et d'absurdités, se partagent sur un seul point : savoir, s'il convient d'ôter pleinement la couronne du roi de France pour la donner au pape, ou s'il ne faut pas les faire monter l'un et l'autre sur le trône, et les faire régner ensemble.

Chose merveilleuse! la révolution étant entrée dans le corps de la France, ayant d'abord détruit la tête, et ravagé ensuite tout l'intérieur de l'organisation sociale, il en est résulté comme un grand espace vacant qui a été offert aux premiers oc-cupans. C'est d'abord le peuple en masse. On a eu la souveraineté des sans-culottes. Ceux-ci chassés par les hommes d'armes, nous avons eu la souveraineté de l'épée. La restauration nous ayant apporté avec une certaine loi d'élection la souveraineté de la classe moyenne, une nouvelle loi d'élection survenue l'a dépostée. La vaste hiérarchie sacerdotale, qui depuis long-temps se composait et se fortifiait, est entrée alors dans ce vide et l'a rempli. Nous avons eu ainsi, avec une avant-garde de congréganistes et de jésuites, la souveraineté des prêtres.

Ici la conduite du gouvernement ne me paraît pas moins singulière, que celle de ses défenseurs. On se souvient d'un discours de M. de Boulogne prononcé à la Chambre des pairs et qui fut improuvé par cette Chambre. On pourrait croire que cette improbation fera quelque impression sur ce prélat : nullement. On pourrait croire au moins qu'elle fera impression sur le gouvernement : pas davantage. Peu de jours sont à peine écoulés qu'on voit dans le Moniteur ce même prélat accueilli par le monarque, lui présenter hardiment en hommage ce même discours que la Chambre des pairs a repoussé.

Il en est de même à l'égard d'une certaine lettre de Rome de M. le Cardinal archevêque

de Toulouse, dont le conseil d'Etat ordonne
la suppression. Au bout de quelques jours le
Moniteur nous annonce avec un ton de faveur les moindres déplacemens de son éminence. Bientôt cette même éminence publie
une lettre dans laquelle elle proclame sa désobéissance au roi et à son ministre. La publication est poursuivie aussitôt par M. le
procureur du roi, et soit la lettre, soit les
principes qu'elle contenait sont improuvés.
D'après cela, on serait tenté de croire que
le prélat relaps ou reconnaîtra ses torts, ou
recevra du gouvernement quelque marque
de son déplaisir : pas du tout. Quelques mois
sont à peine écoulés, que le Moniteur nous
annonce, à l'occasion du sacre, que le prélat
a été comblé de grâces et de faveurs.

Je citerai un autre scandale, et il a eu un
grand éclat, c'est celui de M. l'Archevêque
de Rouen qui s'imagine un jour d'imposer
à son diocèse un ensemble de règles em-
pruntées du neuvième ou du dixième siècle.
On croit peut-être à ce sujet que le gouvernement montrera quelque mécontentement :
pas du tout. C'est dans ce moment même,
et au milieu de tout ce vacarme, que le mi-

nistre chargé particulièrement de la surveillance dans cette partie, monte à la tribune
de la Chambre des députés pour faire parade de tous les droits des évêques, et notamment du droit de faire des lois et des
réglemens de discipline à leur volonté.

Tandis que de tous côtés des flots de scandale s'accumulent, c'est ainsi que le gouvernement qui d'un côté fait semblant de
les repousser, paraît au contraire les favoriser. Avec son système temporisateur, il
semble ne mettre à la frénésie du moment
que l'espèce d'obstacle qui est nécessaire pour
en assurer le succès.

Cette politique ne s'est développée sur
aucun point avec autant d'habileté que dans
l'érection pompeusement annoncée des *hautes études*.

A cet égard voici ce qui a été généralement
remarqué

1°. Il y avait un an que M. Frayssinous était
établi ministre des affaires ecclésiastiques,
qu'il n'avait encore rien fait relativement à
l'enseignement des quatre articles de 1682,
et cependant il ne pouvait ignorer que les ministres de l'intérieur, qui l'avaient précédé

dans ses nouvelles fonctions, s'en étaient
constamment, quoique faiblement acquittés

2°. Après l'annonce de l'établissement des
hautes études, rien ne fut encore positivement déclaré à cet égard, dans le décret
qui en devait faire le principal objet.

3°. L'ordonnance, en nommant les membres de la commission chargée de rédiger
les statuts et réglemens, ne disait encore rien
sur le maintien des anciennes doctrines, et
même cinq mois après, on ne savait à quoi
s'en tenir sur cet objet, tandis qu'on voyait
l'ultramontanisme accroître ses forces.

4°. Enfin dans ces derniers temps à la suite
du jugement des Cours royales, il apparut
une circulaire sans date de M. d'Hermopolis.
Cette fois c'est la Sorbonne qui va reparaître;
le Moniteur lui-même a osé prononcer son
nom.

En ce qui me concerne, si j'avais été pour
quelque chose dans les conseils qui ont préparé le retour de cet ancien établissement, je
déclare que je m'y serais opposé de toutes
mes forces. C'est, suivant moi, la pensée la
plus malheureuse que d'avoir imaginé le rétablissement d'études théologiques, à l'effet

de jeter dans la société une troupe de spa-
dassins scholastiques, qui la rempliront de
nouvelles dissensions : nous en avons déjà
assez. On devrait s'efforcer d'etouffer les que-
relles religieuses ; on cherche à les exciter.

D'un autre côté, quel avantage peut nous
offrir la nouvelle Sorbonne ultramontaine
qu'on nous prépare, quand on sait qu'avec
les bons jésuites d'autrefois, on était parvenu
à la corrompre et à la subjuguer ? Nous avons
vu qu'en 1663, *la Faculté de théologie
occupée par une cabale puissante de moines et de quelques séculiers liés avec eux,
avait eu de la peine à se démêler de ces liens,*
et qu'il avait fallu toute la force et tout le
zèle royaliste du parlement pour la dégager ;
personne n'ignore que, par l'effet de ces intrigues, cette même Sorbonne osa, le 7 janvier
1589, six mois avant l'assassinat de Henri III,
auquel devait succéder Henri IV, déclarer
qu'un *prince hérétique est incapable de régner.* Il est à remarquer que les jésuites, s'attribuant cet exploit, disaient des docteurs
de ce temps : *quorum magna pars discipuli
nostri fuere.* Si les jeunes ecclésiastiques, avec
lesquels M. Frayssinous prétend élever sa nou-

velle Sorbonne, continuent à être instruits
dans de semblables principes, différeront-ils
beaucoup de la *magna pars* des sorbonnistes
de 1589? Dans ce cas, qu'avons-nous besoin
d'une semblable Sorbonne?

Il est connu que naguère le principal pro-
fesseur de la Faculté de théologie de Paris
y faisait soutenir des thèses, où il préconisait
Grégoire VII et Pie V. En même temps qu'on
fait soutenir des thèses où les efforts de Grégoire VII pour détrôner l'empereur Henri IV
sont présentés comme un des principaux titres à sa canonisation, s'il se trouve que les
docteurs qui entourent M. l'Archevêque de
Paris professent la même doctrine; en conséquence de cette doctrine, s'ils ont osé introduire, dans le nouveau Bréviaire, un office
solennel en l'honneur du pape auteur de la
bulle *in cœná Domini*, que faut il penser de
M. d'Hermopolis et de sa Sorbonne?

Ce n'est pas tout : on sait que ces mêmes jésuites qui sont dans toute la France un objet
de désolation, y jettent de tous côtés des
établissemens sous la protection même de
M. d'Hermopolis. Quelles espérancés peuvent offrir, dans cet ensemble de circons-

tances, à un bon Français et le prétendu gallicanisme de M. d'Hermopolis, et son pompeux établissement des hautes études, et sa prétendue résurrection de la Sorbonne ?

On connaît d'avance le but auquel on veut arriver : c'est de ranger parmi les simples opinions la doctrine de l'indépendance royale; et alors *in dubiis libertas.* Quelques personnes espèrent que par un esprit de convenance, on ira, dans quelques écoles, jusqu'à l'enseignement de cette opinion; déjà on commence à préparer les jeunes gallicans à cette modification. On leur parle, au sujet des quatre articles de 1682, du génie, de l'autorité de Bossuet, jamais de preuves de l'Ecriture-Sainte et de la tradition dont cette déclaration s'est appuyée. Certes je ne regarde pas comme nécessaire que l'indépendance du roi de France soit classée parmi les articles de foi; il me suffit que ce soit un article de fidélité et de vérité. Je veux croire que ce n'est pas un article de foi religieuse, que la France soit un gouvernement monarchique, et que Charles X soit descendant de Louis XIII et de Louis XIV; c'est pour tous les Français un article de foi politique; et j'espère malgré toutes les subtilités théologiques qu'on nous prépare , que l'indépendance des rois de France à l'égard du pape ne sera pas moins rigoureusement consacrée. Je n'ai plus qu'une question à faire à M. d'Hermopolis.

Louis XV disait au pape : « Les maximes qui résultent de cette doctrine et qui n'en sont que le précis, réunissent le double caractère des lois civiles et religieuses de mon Etat; je ne dois pas laisser ignorer à Votre Sainteté que je regarderai comme infidèle à son roi et à la patrie quiconque, en France, osera y donner la moindre atteinte. »

Sont-ce là les dispositions de M. d'Hermopolis et de sa nouvelle Sorbonne!

# CHAPITRE IV.

DANGERS RÉSULTANT DE L'ESPRIT D'INVAHISSEMENT DES
PRÊTRES

J'AI cité précédemment deux ordonnances
des rois de Sardaigne et de Naples, relatives aux pratiques religieuses que doivent
observer les élèves de leurs colléges. Je ne
doute pas que ces ordonnances, aussitôt
qu'elles ont paru, n'aient eu en France l'as-
sentiment de nos évêques, de nos jésuites,
de nos congréganistes. Si les lignes que je
trace ici parviennent à ces Majestés, mon
devoir est de leur dire qu'en croyant faire
quelque chose d'avantageux à la religion,
elles ne pouvaient rien faire qui lui fût plus
préjudiciable. Je dois leur dire que ces deux
décrets feront, parmi les jeunes gens, dans
leurs Etats, plus d'impies et de mauvais sujets,
que toute la colonie d'encyclopédistes et

d'athées que le dix–huitième siècle aurait pu leur envoyer.

Au surplus cette intervention royale n'est autre chose que l'accomplissement des vœux de Bossuet. Certainement je ne suis pas ultramontain ; mais je dois le dire , j'aimerais beaucoup mieux l'être à la manière de Fénélon, dont j'ai vu avec tristesse les décisions à cet égard, dans ses dissertations latines récemment publiées, que de me trouver gallican à la manière de Bossuet. O déplorable abus des choses saintes, qui fait que pour défendre l'autorité royale contre les prétentions ultramontaines, on cherche à corrompre un auditoire d'évêques, par l'espérance qu'on leur donne de retenir dans leurs mains la suprématie qu'ils arracheront au Pape !

J'ai déjà cité les maximes de Bossuet , je les citerai encore, parce que prononcées nûment et crûment dans une assemblée d'évêques, que ce prélat voulait amener aux désirs de Louis XIV, ce sont entre eux des prémisses convenues , dont il me reste à montrer les conséquences.

1°. L'Église, nous dit Bossuet, a appris d'en haut à se servir des rois et des empereurs pour faire mieux servir Dieu, pour élargir les voies du ciel........

2°. Un empereur roi disait aux évêques : Je veux que *secondés et servis* par notre puissance, *famulante ut decet potestate nostrá*, vous puissiez exécuter ce que votre autorité vous demande.

3°. « Un saint empereur disait à un saint
» pape : J'ai dans les mains l'épée de Constan-
» tin, vous avez celle de Pierre. Joignons les
» mains, unissons le glaive au glaive. ( *Ego*
» *Constantini, vos Petri gladium habemus*
» *in manibus. Jungamus dexteras, gladium*
» *gladio copulemus.* ) Que ceux, s'écrie-
» t-il alors, qui n'ont pas la foi assez vive,
» pour craindre les coups invisibles de
» votre glaive spirituel, tremblent à la
» vue du glaive royal ! Ne craignez rien,
» saints évêques. Si les hommes sont assez
» rebelles pour ne pas croire à vos paroles
» qui sont celles de Jésus-Christ, des châ-
» timens rigoureux leur en feront, *malgré*
» *qu'ils en aient*, sentir la force ; et la puis-
» sance royale ne vous manquera pas. »

Il m'a paru indispensable de montrer, d'a-près cette doctrine, quelle est, dans le système même des libertés de l'Eglise gallicane, la destinée qui est promise à la France sous l'autorité ecclésiastique, telle qu'elle est entendue aujourd'hui. M. Frayssinous observe que le discours sur *l'unité de l'Eglise* dont sont tirées ces paroles, a d'autant plus d'autorité que l'assemblée générale devant laquelle il fut prononcé, « l'a comme sanctionné, en l'appelant pieux, savant, éloquent, dans sa lettre aux évêques de France, pour leur donner connaissance de ses opérations. » Ce sujet est grave : il demande toute mon attention ; je demande aussi celle du lecteur.

Selon nos traditions chrétiennes, deux grandes époques ont signalé le commencement des choses : la corruption de la chair qui a produit le déluge, la corruption de l'esprit qui a produit l'enfer. Par la corruption de la chair, la luxure est entrée dans le monde ; par la corruption de l'esprit, l'orgueil.

Pour l'homme du monde emporté vers les choses terrestres, le grand écueil, ce sont les faiblesses de la chair ; pour le prêtre qui a dompté la chair, la grande tentation c'est l'orgueil.

Dans l'antiquité payenne, si je cherche

l'impression qu'y fait le désir de la domination, j'apprends d'elle que tout est permis pour régner. Pour le reste, dit-elle, vous pouvez cultiver la vertu, *cæteris virtutem colas*. Si j'interroge les temps modernes, j'apprends d'un ultramontain même, le célèbre comte de Maistre, que *la rage de la domination est innée dans le cœur de l'homme*.

C'est là, comme je le montrerai bientôt, le principe de deux sentimens de haine et de respect qu'on porte diversement au prêtre, selon qu'on aperçoit en lui ce zèle débonnaire et divin, suggestion de l'esprit de Dieu, et qui compose en lui un beau fanatisme d'amour, ou cet autre sentiment, suggestion de Satan, qui constitue en lui l'horrible fanatisme d'orgueil.

Certes il n'est pas toujours facile de démêler dans les mêmes individus des sentimens dont les nuances d'une nature opposée se touchent quelquefois, se mêlent, se confondent; mais dès qu'elles sont aperçues, elles excitent dans nos cœurs, selon leur nature, l'impression qui leur appartient. Ici le prêtre est un objet d'amour et de respect; là, un objet d'aversion et de haine. Par-

tout où le prêtre se présente avec cet esprit
de charité qui compose son premier caractère , il trouve accueil et accès : l'amour
attire l'amour. Partout où il se présente
avec l'épée de Constantin , ou avec le glaive
de Pierre , il est repoussé.

Il peut arriver aussi , selon la prédiction
de Dieu même , que le prêtre qui a employé
le glaive , périsse par le glaive.

Avec moins de courage , lorsque se méfiant de la force , le prêtre se réfugie vers
l'habileté; lorsque n'osant franchement entrer dans la maison , il s'y ménage des intel-
ligences , qu'il cherche à gagner secrètement
les enfans par les parens , les parens par les
enfans, le mari par la femme , la femme par
le mari ; lorsqu'avec les mêmes pratiques il
cherchera à entrer dans l'ordre civil et politique , qu'on le verra s'efforcer de gagner
le citoyen par le magistrat , le magistrat par
le citoyen , le monarque par le courtisan , le
courtisan par le monarque ; lorsqu'on le
verra se méfiant de Dieu , invoquer à sa place
les vices du monarque ou ses faiblesses , et
ne pas dédaigner , s'il le faut , d'avoir recours à une courtisane , le partage du prêtre

dans l'opinion du peuple sera bientôt fait.

Telle est aujourd'hui la grande conception de nos hommes d'État ; employer la religion comme moyen politique, et la politique comme moyen religieux ; faire obéir au roi par l'ordre de Dieu, faire obéir à Dieu par l'ordre du roi ; avec l'autorité du roi étendre l'autorité des prêtres, avec l'autorité des prêtres etendre l'autorité du roi : ce système qui provient du grand principe *gladium gladio copulemus*, a paru sublime. Je ne crois pas qu'il y ait pour tous les hommes, et surtout pour le peuple français, rien de plus révoltant.

Une obéissance spirituelle imposée par une autorité laïque ; une combinaison d'autorité spirituelle et temporelle pour arriver à une fin spirituelle, cet amalgame est, pour tous les hommes, antipathique ; et remarquons bien que, de même que sous un règne tyrannique, on ne peut faire exécuter l'absurdité que par la terreur, ainsi qu'on l'a vu sous Néron, sous Caligula, sous Robespierre, ce n'est de même que par la terreur qu'on peut faire exécuter le système politico-sacerdotal qui est en faveur.

Je ne doute pas que les Bossuet d'aujour-
d'hui ne fussent satisfaits de pouvoir dire à nos
prélats : « Ne craignez rien, saints évêques ;
» si les hommes sont assez rebelles pour ne
» pas croire à vos paroles qui sont celles de
» Jésus-Christ, des châtimens rigoureux leur
» en feront, malgré qu'ils en aient, sentir
» la force. » En attendant les supplices
d'une autre vie, les échafauds du prêtre
viendraient ainsi se joindre aux échafauds
du magistrat ; conséquence inévitable qu'ont
subie l'Espagne, le Portugal et l'Italie, où
l'on a vu les moines de l'Inquisition partager avec les magistrats civils les droits de la
souveraineté, et où, quoi qu'on fasse, on les
reverra encore, si le système abominable
dont je viens de parler s'y rétablit et s'y
conserve.

Dans tous les temps, la France a résisté
non pas à l'amalgame odieux des deux autorités spirituelles et temporelles, mais au
moins à ses effets. Nous avons eu beaucoup de honte ; nous n'avons pas eu encore
celle d'un tribunal de l'Inquisition. Il est à
croire que la Charte et notre système constitutionnel, désespoir d'une certaine classe

d'hommes, continueront de nous en pre-
server. S'ils ne le pouvaient pas, je puis dire
encore qu'en y mettant toute l'habileté ima-
ginable, on n'aurait pas encore tout le succès qu'on attend. Sous le rapport de la religion on n'obtiendrait qu'une obéissance
hypocrite, toujours voisine de l'impiété;
sous le rapport de l'autorite, on obtiendrait
une autre obéissance hypocrite, toujours
voisine de la révolte. Avec ces deux obéis-
sances on obtiendrait sans doute celle du
clergé. Ce serait encore une autre hypocrisie avec laquelle il marcherait à la domination. S'il est vrai, comme nous l'assure
M. de Maistre, *que la rage de la domina-*
*tion soit innée dans l'homme, et que la rage*
*de la faire sentir ne soit pas moins natu-*
*relle*, quelle garantie se trouvera-t-il pour
le gouvernement envers la puissance du
prêtre, lorsque, suivant le système d'aujourd'hui, au lieu de prendre des précautions contre cette rage, il s'empresse de
lui donner l'essor?

Au moment présent je ne doute pas que
toutes les intentions ne soient pures. Le
gouvernement est sous le charme d'une idée

religieuse qui lui présente d'avance les Français comme un peuple de saints, et la France comme un paradis anticipé. De leur côté, les prêtres sont sous le charme d'une domination religieuse, au moyen de laquelle, bon gré mal gré, ils vont changer la cité mondaine en cité de Dieu. Ils avancent ainsi pieusement sur un terrain dont ils cherchent à se rendre les maîtres, sans s'occuper, pas plus que le gouvernement, des conséquences funestes que ni les uns ni les autres n'aperçoivent. M. Frayssinous a eu beau nous dire à la tribune « que toutes les puissances sont naturellement portées à l'envahissement, que la puissance du prêtre est susceptible de cette tendance comme toute autre, » le gouvernement, qui entend ces paroles, et qui apparemment ne les comprend pas, emploie toute sa puissance à étendre la puissance du prêtre, au lieu de la contenir.

J'entends dire par des royalistes de beaucoup d'esprit : Il faut que le gouvernement se fasse jésuite, afin que les jésuites ne se fassent pas gouvernement. J'ai entendu dire de même dans l'assemblée qu'on appelle

constituante : Il faut que le roi se fasse
constitutionnel, à l'effet de gouverner la
constitution. On a dit bientôt dans le même
sens : Il faut qu'il se fasse révolutionnaire,
et on le coiffa du bonnet rouge. On plaça de
même sur la tête de l'un de nos rois le cha-
peron de la Ligue. On sait ce que tout cela a
amené. On veut créer une puissance pour
s'en faire un instrument. Cette puissance,
elle ne veut pas demeurer instrument : à cet
égard, moins la puissance du clergé qu'aucune autre, puisque, comme l'a dit encore
M. Frayssinous, « elle ne la tient pas du roi,
mais d'elle-même »

Ce n'est pas tout : auprès du grand corps
du clergé, qu'est-ce que l'existence frêle et
viagère des princes et des ministres? Avec une
puissance qui ne naît ni ne meurt, qui, par
sa nature, ne montre aucune vicissitude,
*gens æterna in quâ nemo nascitur;* contre
une puissance qui s'accroît sans cesse, qui,
dans ses relations, embrasse le monde entier, qui, comme peuple particulier, a sa milice particulière, et avec cette milice un
général et un souverain éloigné, avec lequel
elle décide quand et comment elle doit obéir

au souverain qui est auprès d'elle ? C'est impossible.

Je ne parle pas encore ici du peuple dévot. J'aurai bientôt à signaler ce qu'il y a pour une nation de beau et de dangereux dans le caractère de ce peuple ; je veux parler ici du peuple chrétien : celui-là, qui, comme je le montrerai, est d'une nature différente, et qui compose la plus grande partie de la France, est révolté de l'envahissement et des prétentions des prêtres.

L'Europe protestante partage ces dispositions. Je sais, par les rapports que j'ai eus avec un grand nombre d'individus de cette communion, que ce ne sont point les dogmes du catholicisme qui les éloignent, encore moins la sévérité de sa morale : c'est l'esprit de domination que montrent toujours et partout les prêtres catholiques.

C'est ce qui a paru d'une manière manifeste en Angleterre dans la fameuse question de l'émancipation des catholiques. M. l'évêque de Chester nous dit : « Ce ne sont point les doctrines théologi- » ques et morales du catholicisme qui me » répugnent, ce sont les doctrines de l'É-

» glise romaine sur le pouvoir ecclésiastique
» qui m'épouvantent. »

Le comte de Liverpool nous dit : « Ce
» n'est pas contre les doctrines de la trans-
» substantiation et du purgatoire que je
» m'élève, mais contre l'influence des prê-
» tres sur toutes les relations de la vie pri-
» vée. » D'après ce ministre, si les catholiques n'obtiennent pas ce qu'ils demandent,
la faute n'en est pas au protestantisme ni à
l'Angleterre ; « la faute en est à eux-mêmes,
» à la conduite du clergé qui ne cesse d'ex-
» citer des défiances ; à leur doctrine, enfin,
» sur le pouvoir ecclésiastique qui provoque
» l'oppression des autres communions, et
» qui nous ont valu cent soixante ans de
» guerres civiles. »

Voilà le vrai. En Angleterre, en Allemagne, en France, ce ne sont ni les dogmes,
ni les préceptes qui effraient les nations ;
partout le grand obstacle à notre religion,
ce sont nos prêtres. Amalgamée avec l'autorité civile, leur autorité est odieuse ; séparée
de l'autorité civile, comme elle devient rivale, elle est embarrassante ; on ne sait ni
comment la réprimer, ni comment la favo-

riser; on ne sait comment vivre avec elle.

Anciennement, je veux dire sous l'ancien régime, on avait assez de peine à se défendre des prêtres; cependant on avait contre eux tout l'avantage du pouvoir absolu. On envoyait M. l'Archevêque de Paris à la Trappe ou à Conflans: on envoyait de même un cardinal, fût-il grand aumônier, à la Bastille ou dans un séminaire. Aujourd'hui, où règne un système de liberté, ce système, encore qu'il leur soit odieux, leur sert à faire ce qu'il leur plaît Si cela convient, à la bonne heure; si on ne le trouve pas bon, c'est tout de même; ils vous opposent, selon leur choix, partiellement ou tout à la fois, le pouvoir de Dieu et celui de la Charte, l'autorité du pape et celle du régime constitutionnel : en même temps qu'ils ameutent les nouvelles lois, ils ameutent aussi les anciennes. De cette manière, d'en-haut, d'en-bas, à côté, s'élève un mouvement renforcé de jésuites et de congréganistes qui, se présentant au peuple comme ayant la faveur même du roi, aliène ainsi le respect et l'affection publique, et prépare d'avance dans un Etat encore mal organisé des prétextes à la révolte.

# TROISIÈME PARTIE.

## PLAN DE DÉFENSE DU SYSTÈME ET SA RÉFUTATION.

———

Il s'en faut de beaucoup que les auteurs du système que j'accuse voient dans les calamités que j'ai signalées de véritables calamités. Les écueils leur paraissent un port; les dangers, un moyen de salut. Ils ne nient point la réalité de leur trame, ils s'en glorifient; la religion, la société, le trône, qu'ils renversent, ils croient les consolider : c'est comme religieux, comme royalistes, comme citoyens, qu'ils conspirent à détruire tout ce qui peut être cher à un homme religieux, à un royaliste, à un citoyen.

En même temps que leur intention est pure, leur plan de défense est habile. Ils vous demandent de considérer en quel état se trou-

vent en ce moment la société, la religion, le
roi ? « La société, vous disent-ils, a été détruite par la révolution, la religion par
l'impiété. Cela suffit pour donner une idée
de la situation du roi. Quelle autorité que
celle qui, sapée de tous côtés par les doctrines et par les exemples, est encore et encore admise par les uns comme une convenance, tolérée par d'autres comme une
nécessité ? Une telle autorité, ayant perdu
ses supports, va tomber au moindre souffle,
si notre zèle ne parvient à l'appuyer. »

« Et d'abord, selon vous, la société ayant
été ravagée, et selon les libéraux eux-mêmes son intérieur étant à vide, est-ce l'ancienne noblesse que nous irons chercher
pour le remplir, les parlemens pour le di-
riger ? La noblesse n'est plus qu'une ombre.
Comme ombre vous l'avez évoquée dans
vos ouvrages; elle n'a pas paru. Les parlemens évoqués ne paraîtraient pas davantage. Dans cette absence de toute chose,
au milieu de ce désert social, nous trouvons à côté de nous une puissance toute
faite, en possession des vertus, en possession des respects. Sans doute cette puissance

ne tire pas sa force du roi qui est peu, de
la société qui n'est rien : elle la tire de Dieu
qui est tout. Cette puissance qui a ses mora-
lités établies , ses doctrines fixées ; qui a
ses rangs, ses cadres, sa hiérarchie toute
composée ; cette puissance qui, étant toute
faite, pourrait si bien refaire la société :
vous la repoussez ! »

« Dans les classes inférieures, toujours gros-
sières, quelquefois féroces, si difficiles par-
là même à régir, est-ce avec les anciennes
corporations que vous prétendez les gouverner ? Est-ce l'ancienne bourgeoisie que
vous prétendez ressusciter ? Aussi impossible qu'un corps de noblesse. Des supério-
rités de ce genre prises dans les rapports
d'homme à homme, quand elles sont anciennes, reconnues par les lois, consacrées
par les mœurs, sanctifiées par une sorte de
superstition, peuvent, tant qu'elles existent,
se conserver long-temps. Quand elles n'existent plus, on ne les refait pas ; les vanités
qui les ont abattues sont là sans cesse pour
les empêcher de se reproduire. Les désordres que vous nous accusez de soulever,
avec nos congrégations, nos jésuites , nos

prêtres, c'est au contraire nous qui, avec ces institutions religieuses, les prévenons, en même temps qu'avec nos gendarmes, nous les réprimons. »

J'espère n'avoir point affaibli le plaidoyer du système qui est en cause : je vais le reprendre dans toutes ses parties.

# CHAPITRE PREMIER.

DE LA CONSTITUTION ACTUELLE DE LA SOCIÉTÉ EN FRANCE;
SI ELLE PEUT S'ACCOMMODER DES INSTITUTIONS RELI-
GIEUSES, TELLES QUE LE SYSTÈME LES ENTEND

Qu'une grande révolution soit survenue
en France, que n'épargnant dans le corps
social ni la tête ni les entrailles, elle y ait
opéré tout-à-coup un vide immense; c'est
un fait déplorable que nous avons déjà mentionné, et que tout le monde reconnaît. Le
vide une fois fait, comment depuis cette
époque s'est-il rempli? Aujourd'hui est-il
susceptible de se remplir comme l'entendent
les prôneurs du système? C'est ce qu'il convient d'examiner.

Au premier moment où la révolution a
ouvert l'intérieur du corps social, j'ai dit ce
qui est arrivé. La multitude s'y est précipitée
avec violence. Nous avons eu le règne des
sans-culottes; sous un nom plus relevé, la
souveraineté du peuple.

Après quelques fluctuations, les sans-culottes ayant fait place aux hommes de
guerre, nous avons eu le gouvernement mi-
litaire, ou autrement la souveraineté de
l'épée.

A la suite d'autres fluctuations, nous
avons eu, au moyen d'une certaine loi électorale, l'ancienne prépondérance des sans-
culottes portée dans le peuple industriel, ou
si l'on veut dans la classe moyenne. Enfin,
par l'effet de la dernière loi électorale, la
classe moyenne a perdu sa prépondérance
qui est arrivée à la grande propriété.

Au moyen de ces successions de souveraineté, ou de prépondérance, le vide social intérieur que j'ai mentionné a été sans
doute diversement traversé, envahi; a-t-il
été réellement et solidement occupé? L'est-
il en ce moment-ci? Pas du tout: et à quoi
cela tient-il? C'est qu'à toutes les époques, les
convulsions de la France ont eu lieu, non
dans un sens de gouvernement, mais seulement de domination. On ne s'est pas emparé de la chose publique pour la faire profiter, mais seulement pour en jouir. Tout
entier dans l'ordre politique, le lieu de la

scène n'a jamais été dans l'ordre civil. La restauration dans ses phases ne s'en est pas plus occupée que la révolution dans les siennes. La Charte a composé comme elle a su une transaction entre les intérêts émanés de la révolution et ceux de l'ancien régime ; elle a réglé aussi du mieux qu'elle a pu les mouvemens des grands corps politiques : du reste, comme elle n'a rien fait pour la constitution civile, l'intérieur de l'Etat diversement ravagé, diversement traversé, a continué de demeurer à vide.

Cependant, au milieu de ce vide formé par la révolution, et ne pouvant jamais se remplir, que fera-t-on d'une multitude de choses interieures qui s'y trouvent comme pêle-mêle : population singulière, et quelquefois très-active d'un chaos sans règle et sans discipline. Quand les horlogers composent une montre, ils ont soin d'en composer le mécanisme intérieur, de manière qu'avec très-peu de soin, elle remplit d'elle-même son office. Soit pendant la révolution, soit pendant l'empire, soit pendant la restauration, les puissances, qui, sous diverses formes, ont occupé la domination politique n'ont pu faire aller un régime civil, qui n'avait ni mécanisme ni ressort, qu'en y tenant continuellement la main. C'est ce qu'on a appelé CENTRALISATION.

Quelques personnes regardent la centralisation comme un fléau, je suis de leur avis; d'autres la regardent aujourd'hui comme une nécessité, je suis encore de leur avis. Cette contrariété n'est qu'apparente : tâchons de l'expliquer.

En vérité, ce serait une chose bien commode, si les fruits venaient à nous tomber tout-à-coup du ciel sans la peine de les produire. La Providence n'a point imité notre système de centralisation; elle a institué des causes secondes pour régir les petites choses de son administration; elle a confié à l'homme lui-même le soin de sa subsistance. Le travail compose par-là dans les sociétés une des premières conditions des dernières classes.

Cependant, ce n'est pas tout que le travail; le village a besoin d'une horloge, d'une fontaine, d'une école; l'église et son presbytère ont besoin de réparation. Ici il faut refaire des routes dégradées et qui ne peu-

vent plus servir à l'exploitation des champs;
là c'est un pont qui est devenu nécessaire
pour passer plus commodément le torrent.
Enfin voilà de nouveaux procédés d'agri-
culture, ou de manufacture : que faut-il
penser de ces procédés ? Sont-ils d'une application utile au pays ; ou ne sont-ce que
de futiles théories ?

Pour régler ces difficultés, n'allez pas vous
adresser aux classes ouvrières ; elles n'ont
à vous donner ni leur temps ni leurs pensées. Tout appartient aux soins de leur
subsistance. N'allez pas non plus vous adresser au chef de l'Etat; ces objets sont trop
petits pour qu'il les aperçoive ; sa main est
trop large pour les manier. Dans notre état
actuel, vous vous adresseriez avec aussi peu
de fruit à des hommes de la classe intermé-
diaire ; là, le temps, les lumières ne manquent pas, mais des intérêts purement lo-
caux, c'est ce dont personne ne veut s'occuper. Si vous entrez aujourd'hui chez un
notaire de village, ce monsieur vous parle
de l'Espagne ou de la Grèce, des dissensions
du ministère ou du parti de l'opposition.
Il ne vous parlera pas des intérêts de sa

commune ou de ceux de son arrondissement :
tout cela est trop petit pour sa pensée.

Au milieu de ce déni général d'intérêt
qui, si on le mettait en action, ne manque-
rait pas d'être suivi d'un déni général de
justice, il a bien fallu que le gouvernement
envoyât partout des maires, des préfets, des
sous-préfets, des conseils-généraux. Quel
bonheur ! Il ne faut pour cela ni assemblée,
ni élection, ni aucun mouvement d'esprit
public. Ces préposés nous arrivent d'en haut
tout faits, comme les météores du ciel.

Il ne faut rien outrer. Ces commis du
gouvernement vont sans doute du mieux
qu'ils peuvent ; quelques-uns même opèrent
assez bien sur cette matière morte. Cependant, comme à côté de l'apathie civile la
Charte a établi un ordre politique remuant
et agissant, la vie de l'État qui abandonne
les entrailles se porte à la tête ; et alors gare
au gouvernement de quelque manière qu'il
fasse ! au ministère, de quelque manière qu'il
soit composé !

Sous Bonaparte, ces difficultés n'existaient
pas ; il avait pour corps législatif une assemblée de muets, et pour sénat, des marion-

nettes ; du reste, tout était régi et comprimé par une main de fer. Aujourd'hui une grande activité pour mettre d'en haut tout en mouvement , répond à une grande inertie au centre pour ne rien fructifier et ne rien empêcher. L'amour de l'argent a beau alors multiplier les canaux, l'amour du plaisir multiplier les fêtes ; un malaise général répand partout le mécontentement et le murmure.

Nous savons tous que Dieu est l'auteur de tout bien, et que nous devons lui rendre des hommages ; cependant telle est notre misérable nature, que nous avons besoin de quelque signe sensible pour exciter notre attention et notre culte. Dans les maux publics nous montrons la même faiblesse. Ce n'est pas tout de gémir et de déplorer : nous aimons à avoir devant nous quelque chose à laquelle nous puissions envoyer à notre aise nos malédictions. On connaît les superstitions de l'amour. Les accusations qu'on porte aujourd'hui au ministère m'apprennent que la haine peut avoir aussi son idolâtrie.

Avec cet état de société, tel que je l'aperçois, et cet état de gouvernement, tel que je le vois, je ne doute pas que Dieu le père ne pût encore gouverner la France ; celui qui a créé les mondes n'a qu'à parler, et tout ira ; mais s'il n'a qu'un ange à nous envoyer, cet ange peut se dispenser de quitter la demeure céleste : il ne ferait rien de nous.

Dans cette position, des jésuites, des missionnaires, des frères qui sans doute sont de très-braves gens, mais qui pourtant ne sont pas des anges, ont cru devoir venir à notre secours. Leur zèle n'a pas attendu qu'on les appelât : aussitôt que la porte a été ouverte, ils sont entrés en foule.

Certes je puis le dire hardiment, la France ne s'y attendait pas. Aussitôt que la classe libérale, très-contente d'avoir retrouvé dans la prépondérance de la petite propriété quelque chose de l'ancienne souveraineté du peuple, a vu, au moyen de la nouvelle loi électorale, cette prépondérance lui échapper, elle s'est mise à crier que l'ancien régime allait revenir, qu'il était revenu. A sa voix, qui a retenti dans toute la France, on a regardé de tous côtés. Quelle surprise ! Au lieu de la Bastille, on a aperçu Montrouge ;

au lieu de la chevalerie, on a trouvé des moines; au lieu de la noblesse, la congrégation. Tout cela nous est advenu comme une fantasmagorie. Il a fallu plus de deux ans pour y croire. Les jésuites remplissaient la France; on ne les y savait pas. Les congréganistes occupaient toutes les positions; on ne les voyait pas. Aujourd'hui encore une partie de la France est en doute.

Dans tout autre temps que celui-ci, il ne faudrait pas beaucoup de force d'esprit pour apercevoir que des institutions de ce genre, habillées en institutions civiles, ne peuvent en faire l'office. C'est bon pour le huitième siècle, ou pour le Paraguai. Des choses civiles veulent être gouvernées par des pouvoirs qui sortent de leur nature, c'est-à-dire par des pouvoirs civils; elles ne peuvent l'être par des institutions appartenant à la vie monastique ou à la vie dévote. La première question n'est pas de savoir si l'ancienne noblesse, si l'ancienne bourgeoisie, les anciennes corporations, les anciennes classes peuvent se reprendre et se refaire : c'était peut-être de mauvaises institutions civiles; il s'agit seulement de savoir si des institutions

religieuses peuvent en tenir lieu ; si, appli-
quées aux choses civiles pour lesquelles elles
ont peu d'aptitude, telles que les arts, la
guerre, le commerce, les manufactures,
elles n'altéreront pas par cela même leur
caractère religieux en même temps qu'elles
manqueront leur objet civil.

Ce n'est pas le seul mal qui peut être re-
proché à ces institutions : en même temps
qu'elles ne font pas, elles empêchent de faire.
Elles détournent partout les intérêts et les
espérances. En occupant à faux des places
qui ne leur appartiennent pas, elles éloignent par ce fait même les institutions à qui
ces places appartiennent.

Je viens actuellement à la noblesse, à l'il-
lustration, au rang, aux classes, dont l'absence alléguée sert de prétexte à un rempla-
cement grotesque de jésuites et de congréganistes. Il me semble que ce qui existe, à
cet égard, de défectuosité, et les obstacles
qu'on suppose, sont moins graves qu'on ne
croit. Nous n'avons pas sans doute les juges
d'autrefois, les nobles d'autrefois; nous n'a-
vons pas même les prêtres d'autrefois. Nous
avons pourtant des juges, des nobles et des

prêtres ; nous avons de même des rangs, des corporations et des classes. Tout cela peut exister d'une manière irrégulière et mal entendue. Mais cela existe. Si la révolution avait jugé à propos de supprimer les notaires, les médecins, les pharmaciens, comme elle supprimait autre chose, ces offices se seraient bientôt rétablis en fait, ne l'étant pas en droit. Il en est de même de la noblesse. On aura beau l'avoir supprimée en droit ; tant qu'il y aura en France des choses et des personnes nobles, elle se conservera en fait. Est-ce l'hérédité qui s'effacera ? Mais si vous conservez au fils l'hérédité des biens de son père, comment ferez-vous pour mettre la noblesse à part de ces biens? Vous ne le pouvez pas. Ce qui se passe, en ce moment, dans le parti libéral, par rapport aux enfans de M. le général Foy, est une preuve que l'hérédité de la noblesse est reconnue comme la plus sacrée de toutes les hérédités. Ce sentiment existe ; il existera toujours. Il s'agit seulement d'examiner si, en ce genre, l'anarchie vaut mieux que l'ordre ; le vague, que le précis : c'est toute la question.

Après cela, je ne disconviens pas que les

vanités plébéiennes, toujours si faciles à
se hérisser, et qui, à raison des niveaux long-
temps établis par la révolution, pensent avoir
acquis une sorte de possessoire, pourront
offrir à un législateur des difficultés ; s'il ne
veut être que raisonnable et juste, elles seront faciles à surmonter. La veille de l'institution de la légion d'honneur, il semblait
que la révolution entière allait éclater ; le
lendemain les principaux révolutionnaires
en portaient la décoration, et s'en accommo-
daient très-bien. La veille de la dernière loi
électorale, il semblait que tout Paris allait
être en feu. Aujourd'hui tout le monde est
calme. C'est que, placé dans un jour plus
favorable, on s'est aperçu, par rapport à la
légion d'honneur , que le gouvernement
était dans le vrai , et que les obstacles qu'on
opposait provenaient d'une irritation de
jalousie et de vanité ; par rapport à la nouvelle loi d'élection, on s'est aperçu de même
que la grande propriété, qui a plus d'importance, a droit, par là-même, à plus de
prépondérance.

Cependant n'y a-t-il dans l'intérieur du
corps social que des illustrations, des rangs

et des classes à régler? N'y a-t-il pas aussi des rapports civils et moraux? La révolution qui avait détruit la noblesse, n'avait-elle pas détruit aussi la paternité, le mariage, et, par là-même, les rapports des époux, ceux des pères et des enfans? La révolution avait détruit la seigneurie; n'avait-elle pas détruit aussi la maison, et, par là-même, les rapports des maîtres, des serviteurs et des ouvriers? Enfin le régime des cités avait-il été plus respecté? En vertu de la nature des choses, tout cela est sans doute plus ou moins revenu; mais les existences nouvelles qui, à cet égard, se sont refaites, sont-elles tout ce qu'elles doivent être? Tout cet intérieur est-il composé comme il doit l'être? Il faut le reconnaître : la constitution civile dans un Etat est toujours la principale base de sa constitution politique. Si la première est dans l'anarchie, celle-ci, quelque bien composée qu'elle soit, y arrivera bientôt; et ce n'est pas avec des jésuites, des frères et des missionnaires qu'on l'empêchera.

# CHAPITRE II.

COMME plan pour consolider notre ordre social, le système que j'accuse est une illusion. Comme plan pour consolider la religion, l'illusion est plus forte encore.

Plusieurs vues fausses entrent dans ce système : 1° porter la vie dévote dans la vie chrétienne; les confondre sans cesse, et les proposer ainsi confuses à la vie sociale; 2° porter dans le culte religieux, qui est un culte d'amour, un sentiment continu de terreur, pour augmenter par cette terreur l'obéissance et la rendre servile; 3° charger la morale de rites; donner à ces rites, autant qu'on peut, la prépondérance sur la morale, viser par-là, non pas directement, mais d'une manière détournée, et contre le vœu de la religion, à la domination de toutes choses :

tel est l'ensemble de vues avec lesquelles LE SYSTÈME, qui se donne pour vouloir le bien de la religion, la dénature, et par-là même éloigne d'elle le respect et l'affection des peuples.

A commencer par la confusion établie entre la vie chrétienne et la vie dévote, c'est une calamité dont on peut se contenter de gémir dans l'ordre des choses de Dieu, mais qu'il faut absolument repousser dans l'ordre des choses du monde, parce qu'avec de belles apparences elle y porte le désordre

Je ne prétends pas être théologien ; je suis un simple chrétien. En cette qualité je vais à la messe de ma paroisse ; j'y entends les paroles suivantes :

« Peuple chrétien ! l'Église dès le temps de son établissement a choisi le dimanche pour être consacré à Dieu d'une manière particulière. »

Remarquons d'abord que le prêtre s'adresse au *peuple chrétien,* et non pas au *peuple dévot.* En effet, pour celui-ci ce n'est pas seulement le dimanche qui est consacré à Dieu d'une manière particulière, ce sont tous les jours, et autant qu'il est possible à la faiblesse humaine, tous les instans de la vie. Le peuple chrétien au contraire, à qui on prend le dimanche, c'est-à-dire la septième partie de sa vie, reçoit par-là même les six autres parties qu'il peut appliquer aux affaires temporelles.

S'ensuit-il que les six autres parties seront totalement exclues de la pensée de Dieu? non sans doute. Toutes les familles chrétiennes ont l'usage de certaines pratiques religieuses, et notamment de la prière du matin et du soir.

D'un autre côté, parce que la vie dévote doit être entièrement à Dieu, s'ensuit-il que cette tension vers Dieu sera sans interruption? non sans doute. Chez les Chartreux, dès que le novice revenant de l'église rentre dans sa cellule, il y trouve une hache avec une bûche, qu'un frère lai lui a silencieusement et respectueusement apportée. Il sait qu'il a à la travailler et à la mettre en pièces. Ce que je veux dire, c'est que dans la vie dévote le fond de la vie est à Dieu; l'accessoire à des occupations futiles en manière de délassement. Dans la vie chrétienne, qui est la vie sociale, l'accessoire de la vie est à Dieu, le fond aux affaires et aux occupa-

tions mondaines; en cela même elle est en
quelque sorte à Dieu qui a composé ainsi
l'ordre ordinaire de la vie humaine.

Actuellement avec leur système que font
les grands personnages que j'accuse ? En
confondant la vie dévote et la vie chrétienne, qui sont essentiellement distinctes,
ils les dégradent l'une par l'autre; ils désor-
donnent tout à la fois la religion qui, à
beaucoup d'égards, a besoin de la vie dévote, et la société qui est spécialement
faite pour la vie chrétienne. La vie dévote,
toute angélique, emportée ridiculement dans
le train des choses temporelles, s'y trouve
naturellement gauche, incapable, et s'y fait
mépriser; la vie chrétienne mêlée avec la
vie dévote, devenant inapplicable au mouvement, à l'activité, qui dans certains temps
surtout conduisent les affaires temporelles,
il en résulte qu'on les abandonne l'une et
l'autre. L'irréligion devient ainsi peu à peu
une habitude, à la fin une nécessité.

C'est ce qui a pu être observé dans tout le
mouvement religieux de ces derniers temps,
et plus particulièrement à l'égard des missionnaires. Je n'ignore pas que cet objet a

beaucoup de faveur. Je demande à cet égard
un peu d'attention.

Au moment du concordat de 1801, si
celui qui était alors à la tête des choses
avait pensé à faire faire des missions pour
ramener la France à la religion et aux sentimens religieux, il avait un beau prétexte,
dans cet amas d'ordures que les orgies révolutionnaires avaient accumulées; il aurait
ainsi, nouvel Hercule, nettoyé la France
beaucoup plus sale alors que les étables
d'Augias. C'est ce qu'il ne fit pas. Entouré
comme il l'était de philosophes et de soldats, ce fut beaucoup pour lui d'effacer le
décadi et de nous rendre le dimanche. Plus
tard, lorsque sa domination fut déclarée,
notre purification morale l'occupa moins
que le soin de raffermir cette domination.

Après douze ans d'un système religieux
qui avait commencé à se montrer sous le
Directoire, et qui depuis le concordat s'était
tout-à-fait établi; système tourmenté à
certains egards, mais laissé au moins
quant au dogme et à la morale dans toute
sa latitude, lorsque tout-à-coup la restauration s'imagina de remplir le pays de pro-

cessions et de missionnaires, ce fut à mes
yeux un contre-sens. Désenivrée des folies
de la révolution, la France était alors beaucoup plus religieuse qu'elle ne l'avait été
sous l'ancien régime, même sous les règnes
jésuitiques de Louis XIII et de Louis XIV.
Cependant à tort et à travers, voilà les processions en mouvement et les missionnaires
en campagne.

Un premier vice de la mesure des missionnaires fut sa couleur politique, et par-là
même je ne sais quelle apparence de tartu-
ferie.

Un autre vice plus grave fut sa connivence
avec un système général dont elle faisait partie. Ce système consistait à réclamer pour le
clergé une dotation territoriale, à envahir
l'éducation publique, à appeler tout doucement et secrètement les jésuites, en un mot,
à s'emparer par la domination religieuse de
toute espèce de domination.

Au milieu de ces méfaits, il ne serait pas
exact de dire que les œuvres des missionnaires aient été tout-à-fait sans fruit. Il y avait
en France, soit dans les villes, soit dans les
campagnes, un certain nombre de vieux

invalides du crime, tentés quelquefois au bien par leur conscience, et n'osant en présence de leurs camarades et de leurs curés, confesser leur vie ancienne pour reprendre une vie nouvelle; la solennité des missions, la circonstance de prêtres étrangers et passagers dont ils n'auraient bientôt plus à redouter les souvenirs, ont été en beaucoup de cas des occasions heureuses. La religion a fait ainsi quelques conquêtes; sous d'autres rapports elle a fait des pertes.

Et d'abord le sentiment religieux tient dans la conscience à des fibres si susceptibles, si délicates, qu'il faut y prendre garde quand on les touche. Je pourrais citer à cet égard beaucoup de preuves. Un prêtre ira-t-il dans les diverses maisons de sa paroisse, exhorter nominativement tel ou tel à s'acquitter de ses devoirs religieux? Peut-être exhortera-t-il le père à faire ce commandement à son fils, le maître à ses ouvriers ou à ses disciples? Il ne le fait pas lui-même, parce qu'il sait qu'il y aurait de sa part indiscrétion, importunité. On parle de liberté dans les choses civiles et politiques; c'est surtout dans les choses de la conscience que la liberté veut être immense, indéfinie. Des prêtres qui viennent dans une ville avec une rumeur extraordinaire, agiter dans un sens religieux, le mari par la femme, la femme par le mari, les voisins par les voisins, y troublent cette liberté, cette spontanéité, premier droit des consciences; ils remuent ainsi des sentimens d'importunité qui, secrètement ou publiquement, deviendront de la haine. Celui-ci vient de faire un mariage: vous lui dites de penser à la mort; il veut penser à la vie. Celui-là est tout ardent d'une entreprise nouvelle de commerce: vous voulez tourner ses pensées vers la vie éternelle; il veut les tourner vers sa manufacture. Cet autre a commis récemment un grand péché; dans quelque temps peut-être il se repentira : en ce moment il n'y est pas disposé. Vous avez indiscrètement combattu son indifférence; vous avez provoqué sa haine : du pécheur vous avez fait un impie.

Un autre vice des missions a été d'entamer sur le dogme et sur la foi, pour le plaisir des beaux esprits missionnaires, une polémique toujours inutile, souvent dangereuse. Ces discussions font peu de chose à la piété : elles conduisent les indifférens à des curiosités fâcheuses, les ennemis à des recherches funestes.

Enfin le grand vice des missions ( et c'est là principalement que j'en voulais venir ), a été de porter la vie chrétienne dans la vie dévote. J'ai observé quelques villes au moment des missions. Dès qu'elles s'annoncent, les spectacles sont interdits ; les jeûnes, les abstinences, les quatre-temps, les vigiles, l'avent, le carême rigoureusement observés ; et non-seulement les pratiques commandées, mais celles même qui appartiennent le plus particulièrement à la vie dévote sont mises en vigueur. Les prêtres appellent cela la morale. Cette morale qui a envahi l'autre, se conserve ainsi pendant le temps des missions ; elle se conserve même quelque temps après ; peu à peu cependant, et les jeûnes et les abstinences, et les quatre-temps et les vigiles, et les avents et les carêmes, et les pratiques commandées et celles qui ne le sont pas, tout cela est abandonné ; et alors, il faut le dire

franchement, une ville est perdue; car la
morale des rites s'évaporant avec la véritable
morale qu'on a eu l'imprudence de lui associer, rien ne reste.

Dans un de mes ouvrages, j'ai remarqué
comment cette manière de porter le monde
dans la vie dévote avait produit nos temps
d'ignorance et de barbarie. En reprenant
la même marche, la conspiration qui est en
scène nous mènerait, si on la laissait faire,
au même résultat. On ne la laissera pas faire.
Déjà la France me paraît se partager entre
deux espèces de fanatisme : l'un de dévouement aux prêtres, qui porte tout à leur domination; l'autre de révolte contre eux, qui
dispose tout le pays à l'impiéte.

Je puis témoigner des faits qui se sont
passés sous mes yeux. J'ai vu la France du
temps de Bonaparte; je vois la France du
temps des missionnaires. J'ai vu les colléges
de l'ancien régime, j'ai vu les lycées de Bonaparte; je vois actuellement les colléges
royaux. Cela ne peut se comparer; et ce
qu'il y a de plus singulier en ce genre, c'est

que le haut degré de corruption, loin de
se trouver dans les colléges soumis à l'autorité laïque, se trouve précisément dans les
petits séminaires, ainsi que dans les institutions soumises plus particulièrement aux
prêtres.

# CHAPITRE III.

CONTINUATION DU MÊME SUJET ; CARACTÈRE DU
CHRISTIANISME

Rois de la terre ! j'ai vu votre grandeur;
guerriers ! j'ai vu votre gloire ; Crésus du
temps ! j'ai vu vos efforts pour amasser des
richesses. Jeune, j'ai pu admirer ces mer-
veilles. Arrivé aujourd'hui à cette première
agonie qu'on appelle vieillesse ; désabusé de
toutes les illusions de la vie, il ne me reste
plus qu'une seule vérité à prononcer : AIMER
EST QUELQUE CHOSE ; TOUT LE RESTE N'EST RIEN.

Cette vérité, qui s'applique particulièrement à l'homme, semble appartenir à un
principe général. Partout, dans les champs,
dans les eaux, dans les airs, les espèces semblables s'affectionnent et se recherchent.
L'homme a besoin de l'homme pour ses plai-
sirs : il en a besoin encore pour ses travaux
La vieillesse n'est pas plus étrangère à cette

13

loi que le jeune âge. L'amour prend sans doute alors une autre teinte. Au milieu d'un monde avec lequel il n'a plus d'affinité, le vieillard, repoussé de toutes parts, se réfugie vers Dieu et vers les enfans. La maladie n'a pas, à cet égard, plus d'effet que la vieillesse. Au dernier moment, où il n'y a plus de pensée, le cœur a des affections. L'esprit est éteint; le cœur bat toujours. On est mort pour toutes choses; la vue d'un objet chéri nous ranime; et le prêtre, qui approche d'une bouche mourante le signe de notre rédemption, trouve encore de l'amour sur des lèvres inanimées.

C'est ainsi qu'en tout temps, en tout sens, dans toute situation, à tout âge, cherche à s'assouvir une faim d'amour, premier besoin de la vie.

Cette disposition de l'homme lui étant naturelle, le christianisme n'a pas cherché seulement à s'en emparer; il s'y est établi. « Vous aimerez Dieu de tout votre cœur, » de toute votre ame, de toutes vos forces, » et votre prochain comme vous-même. » Ce sont les paroles de Jésus-Christ. Il ajoute : « C'est là toute ma loi. » *In his duobus*

*mandatis universa lex pendet et prophetæ.*
Cette loi d'amour , selon saint Augustin ,
a tellement été recommandée par Jésus-
Christ et par les apôtres , qu'avec cette seule
chose vous avez tout; sans elle vous n'avez
rien : *Sciant hanc ità commendatam esse à
Christo et apostolis, ut si hæc una absit,
inania; si hæc adsit, plena sunt omnia.* Dans
un autre endroit : AIMEZ, dit–il, ET FAITES
CE QUE VOUS VOUDREZ, *Dilige et fac quod vis.*
Une religion d'amour et de liberté peut
n'être pas le christianisme de certaines personnes : c'est celui de Jésus-Christ.

Je n'ignore pas, qu'abusant de ces mots
*fac quod vis,* quelques personnes pieuses se
sont égarées. Au milieu de cette liberté
pleine, il y a des lois à observer. C'est l'amour
de Dieu, nous dit l'apôtre saint Jean, qui
nous prescrit d'obéir à ses commandemens,
*Hæc est charitas Dei ut mandata ejus custo-
diamus.* Mais comme s'il prévoyait qu'on
pourra abuser de ces paroles, il ajoute aussitôt que ces commandemens ne sont pas
rigoureux : *Et mandata ejus non sunt gravia.*

Pour ce qui est des commandemens de
l'Eglise, les règles qu'elle prescrit ne peuvent

avoir un autre caractère. A l'exemple de *l'agneau de Dieu*, elle a été instituée pour *effacer les péchés du monde*, et non pas pour les multiplier. Au surplus, elle n'a pu s'écarter de cette doctrine: c'est celle de Dieu même. Il a dit : Mon joug fst doux et ma charge est légère, *Jugum meum suave et onus meum leve.*

Le caractère du christianisme une fois précisé, j'avoue que je ne puis rien comprendre à tout ce fatras de règles, d'institutions et de moyens violens qu'on imagine pour le faire observer. Je ne puis comprendre davantage ce système d'education, qui nécessairement aussi *doit*, dit-on, être pris dès l'enfance, et qui nécessairement aussi doit être livré à des moines; au défaut de moines, à des prêtres. En voyant ce système se déployer, et les efforts de toutes parts se multiplier, je me demande quel peut en être l'objet; je me demande si nos femmes et nos enfans sont livrés à un culte tel que celui de Saturne et de Moloch, dont il faille les détourner; je me demande si nos mœurs sont arrivées jusqu'aux prostitutions de Babylone ou de Paphos ; si Paris représente quel-

que chose de cette dissolution que saint
Paul nous décrit dans une de ses épîtres
aux Romains; enfin, je me demande si la
religion est quelque science transcendante
qui ne puisse s'acquérir, comme les mathé-
matiques et l'astronomie, que par de lon-
gues années d'une étude continue et opi-
niâtre.

Rien de tout cela : *aimer* est la loi du
christianisme, et de plus c'est toute la loi.
Sans doute, il présente à l'amour un appareil de cérémonies qui compose le culte; il
présente aussi à la croyance un ensemble de
dogmes qui compose la foi. Mais qu'est-ce
que la foi si ce n'est sur certaines choses la
soumission de l'esprit? qu'est-ce que le culte,
si ce n'est un ensemble réglé de rites et de
cérémonies? Avant que les entreprises des
prêtres se fussent déclarées, qui pensait à
contester la soumission dans les choses de la
foi? Jamais, dans le cours d'une longue vie,
j'ai moins entendu de discours impies. On
dit qu'il y a parmi les jeunes gens quelques
athées; je parierais que ce sont ceux que,
par leur faux zèle, les prêtres eux-mêmes
ont pervertis. J'en puis dire autant pour le

culte. Malgré tout ce que peuvent faire les prêtres pour éloigner et dégoûter les fidèles, jamais je n'ai vu les églises autant fréquentées.

Il faut expliquer pourquoi, malgré les prêtres, il y a encore de la religion en France.

J'entre dans un village. Ici j'aperçois une fontaine; là une église. A la fontaine, chacun vient à sa volonté pour les besoins de la maison; on vient de même aux bassins qui sont destinés à laver le linge et le délivrer de ses impuretés. Jusqu'à présent il n'y a eu aucune loi pour forcer les habitans à venir à tel jour, à telle ou à telle heure. Si une pareille loi existait, et si elle était accompagnée de menaces, on y viendrait encore : car l'eau est un besoin indispensable. L'accès du temple est libre comme celui de la fontaine : là est aussi une autre piscine pour d'autres immondices. Des lois sages ont prescrit à cet égard quelque règle; mais sans ces règles faites dans d'autres temps et peut-être pour d'autres temps, on peut croire que les églises seraient fréquentées de même, car Dieu aussi est un besoin pour les consciences.

Dans mes montagnes, si le chef de la maison meurt, aussitôt toute la famille se couvre de deuil. Riche ou pauvre, artisan ou laboureur, de condition humble ou de condition élevée, personne ne manque à ce devoir. Il est vrai que jusqu'à présent il n'y a eu à cet égard aucune loi; mais si, à l'exemple de notre admirable Code français qui a bien voulu prescrire à un père de nourrir son fils, si une loi avait la bonté de prescrire à un fils de porter le deuil de son père; si à cette prescription elle ajoutait la menace des échafauds; si le prêtre y ajoutait de plus les menaces d'être brûlé vif pendant toute l'éternité, et si, pour le salut des ames, son zèle ajoutait encore un certain train d'inquisitions et de vexations domestiques, je ne puis dire si de cette manière l'ancien usage du deuil conserverait beaucoup de faveur.

Quand je considère les dispositions générales de l'homme, et en même temps les dispositions particulières de la France, ainsi que le caractère essentiel du christianisme, rien ne me paraît si facile que d'être chrétien. Cette facilité ne convient point à ceux qui, dans les voies de la vie à venir, voient un moyen de s'emparer de la vie présente. Ces voies sont alors saisies, détournées, contournées de toute manière. Ce n'est plus la vie chrétienne qu'on propose à la société, c'est la vie dévote. Cette vie, qui est toute de dévouement, étant plus élevée, plus difficile, l'intervention du prêtre y devient par-là même plus continue et plus nécessaire. A tout prix il faut chercher à effacer sur la terre la vie chrétienne, pour y substituer la vie dévote.

Ici il faut prendre garde à un nouveau danger. Encore que la vie dévote, toute différente de la vie chrétienne, me paraisse inapplicable à la vie mondaine, il ne s'ensuit pas que, même pour les hommes du monde ( si elle se contient dans sa sphère ), elle puisse être un objet de dédain. Ceux qui seraient disposés à cette impression doivent savoir que cette sphère n'est étrangère au monde que parce qu'elle lui est supérieure. Le chrétien n'est qu'un candidat de sainteté pour une autre vie. L'homme de la vie dévote offre le spectacle de la sainteté même sur la terre ; et ce n'est pas seulement dans les àges présens du christianisme ; dans tous les temps les choses du ciel se sont conservées en possession d'être au-dessus des choses de la terre. Le même sentiment s'est manifesté à cet égard dans les religions fausses, comme dans les religions vraies ; et de-là ces grandes institutions des Thérapeutes d'Alexandrie, celle des Brachmanes, des Gymnosophistes et du Mont-Carmel, ainsi que les sectes épurées du paganisme connues sous le nom de pythagoriciens et de stoïciens.

La belle religion chrétienne, si faite pour tous les genres de perfection, ne pouvait manquer de rechercher celle de la vie dévote Plus qu'aucune autre, elle a brillé de l'éclat de ses institutions monastiques. Les cités n'ont pas été à cet égard plus négligées que le désert. Là aussi et au milieu du tumulte du monde, on a pu reconnaître parmi les grands hommes de la vie présente des héros de l'autre vie.

L'excellence de la vie dévote au-dessus de la simple vie chretienne, a pu être pour certaines personnes un motif, pour d'autres elle a été un prétexte. Comme dans cette sphère toute particulière, les règles, les rites, les com-

mandemens sont plus multipliés et plus austères, le ministère du prêtre y devient
d'autant plus important, que l'amour qui
multiplie les devoirs, multiplie aussi les infractions ; dans la vie chrétienne, les fautes
ne sont que des fautes ; là elles paraissent
des crimes. Par-là même le prêtre y est continuellement appelé, comme instrument de
secours, de consolation et de réparation.

J'ai lieu de croire que ce goût d'importance,
ce penchant à l'étendre par tous les moyens,
est ce qui a porté le prêtre à embarrasser
la vie chrétienne de beaucoup de détails de
la vie dévote ; peu à peu il a été amené à les
mêler l'une à l'autre et à les confondre. Faussant alors toutes les idées, forçant tous les
rapports, il a cherché à rendre la vie dévote
applicable aux habitudes, au mouvement, au
besoin du monde. Il n'a pu y réussir. Il était
inévitable que cette nouvelle espèce de christianisme s'appliquant gauchement aux besoins de la vie mondaine, ne fût peu à peu
tournée en dérision, éludée, repoussée, et
que tombant en discrédit, elle n'entraînât
dans sa chute le christianisme lui-même.

# CHAPITRE IV.

QUE LE SYSTÈME, PAR SON PLAN GÉNÉRAL, TEND A
ALTÉRER ET A DÉGRADER LE SACERDOCE, CE QUE C'EST
QU'UN PRÊTRE

EN même temps que les grands personnages que j'accuse s'efforcent de porter la
vie mondaine dans la vie dévote, le spectacle le plus singulier est de les voir s'efforcer
de porter les prêtres dans la vie du monde.
Il n'est pas difficile de montrer le danger
d'un tel plan; il suffit de se faire une idée
du véritable caractère du prêtre, de considérer l'origine du respect qui s'y attache, et
ensuite de l'autorité qui en provient.

Une des parties les plus nobles dans le
caractère de prêtre ( et qui est particulière à
l'excellente religion catholique ), c'est le ce-
libat qui lui est imposé. Je ne vois pas en
général que les hommes du monde tiennent
assez de compte de ce sacrifice. Ceux qui,

soit dans l'homme, soit dans les animaux,
ont étudié avec soin les premiers developpe-
mens de l'organisation, peuvent dire à quel
point toute cette nature, condamnée à la
mort, et qui en a le pressentiment, met,
dans les premiers momens, tout en œuvre,
non-seulement pour maintenir la vie, mais
plus encore peut-être pour la transmettre et
la propager. Les ateliers de la reproduc-
tion se composant ainsi avec la même activité que ceux de la conservation, quand les
premiers sont parvenus à toute leur force,
ce n'est pas une petite affaire que de les contenir sans cesse et de les comprimer. Dans le
cours de sa vie, le prêtre aura probablement
à triompher de beaucoup de choses; pour
s'y préparer, il faut qu'il commence à triompher de lui-même; de-là un état continu de
souffrance et de combats secrets qui, se
peignant sur le visage pâle de la victime,
m'a fait souvent baisser les yeux d'attendris-
sement et de respect.

Ce n'est pas le seul sacrifice du prêtre.
L'homme du monde se pare de sa compagne;
il se pare aussi de ses enfans : dans les misères de la vie, c'est une consolation, c'est aussi

un appui. Vos enfans, dit l'Esprit-Saint, seront comme les rejetons de l'olivier autour
de votre table. ( *Filii tui sicut novellæ oliva-
rum in circuitu mensæ tuæ.* ) C'est ainsi,
ajoute-t-il, *que sera béni celui qui craint le
Seigneur. ( Ecce sic benedicetur homo qui
timet Dominum.* )

Le prêtre n'a à espérer ni cette bénédiction, ni cette récompense. Privé de cette
immortalité charnelle vers laquelle se porte
avec vivacité la nature animale, le prêtre qui
pense à une immortalité plus précieuse, et
qui, pour cela, s'est voué à Dieu, se voue
aussi à la prière. J'ouvre le livre qui lui a
été imposé. D'après la règle qui lui a été
faite, il doit prier Dieu à la première heure,
ensuite à la troisième, puis à la sixième,
puis encore à la neuvième; le soir c'est
vêpres et complies; au lever du soleil c'est
matine et laude. Une journée, coupée ainsi,
laisse peu de loisir.

Par la prière, le prêtre se remplit de Dieu:
cela ne suffit pas. Ici j'ai à rappeler un ordre
de mystères qui forme dans la religion catholique un des premiers apanages du prêtre; c'est qu'à sa volonté Dieu descend du

ciel et se transforme en nourriture. J'ai montré ailleurs comment, dès le principe des
choses, une vertu divine était entrée dans la
chair et avait composé l'homme ; j'ai dit encore comment, dans la suite, le verbe de
Dieu lui-même s'était fait chair et avait ha-
bité parmi nous. Pour complément de merveille, une chair divine vient se mêler à la
chair même de l'homme. C'est ce que le prêtre exprime très-bien, lorsque, s'adressant
dans le saint sacrifice de la messe au corps
et au sang de Jésus-Christ, il leur demande
de s'attacher à ses entrailles : *Adhæreat visce-*
*ribus meis.*

Pénétré sans cesse de la substance de Dieu,
le prêtre est la colonne par laquelle, d'un
côté, les vœux et l'encens de la terre mon-
tent jusqu'au ciel ; par laquelle, d'un autre
côté, les bénédictions du ciel descendent sur
la terre. Il devient ainsi le médiateur entre
Dieu et l'homme.

Avec tant d'avantages, est-ce que le cœur
d'un prêtre ne se remplira pas d'orgueil ?
au contraire, d'humilité. Plus il approche
de Dieu, et plus il comprend sa petitesse.
Dans les choses spirituelles ce n'est pas

ce qui s'élève qui a de la force ; c'est au
contraire ce qui s'abaisse. Le germe qui as-
pire à la vie ne se présente pas au soleil
avec arrogance ; il serait aussitôt desséché.
Mieux avisé, il se couvre de terre ; réfugié
ainsi dans les ténèbres, il se produit bientôt au jour, et porte des fleurs et des
fruits. De même c'est dans l'abaissement que
le prêtre obtient l'élévation ; c'est dans l'obs-
curité qu'il parvient à la lumière. Cette loi
qui nous découvre dans l'orgueil des anges
et dans celui d'Adam les premiers crimes du
monde, nous fait apercevoir dans l'abaissement de Jésus-Christ et de ses Apôtres le
grand principe de la grandeur du christianisme. Toute la grandeur du prêtre et
toute sa force sont dans l'humilité.

Pénétré de ces vérités, je n'ai pu voir
qu'avec douleur dans un bref récent relatif
au Jubilé, une éruption de colère et de menaces qui, en paraissant sans objet par rapport à la France, a paru aussi généralement
peu apostolique, et par-là même peu pontificale. Il nous a semblé entendre l'artillerie
du château Saint-Ange, mêlée aux foudres
du Vatican. Avec un autre esprit, le pape

son prédécesseur, à qui il avait échappé une erreur, se contenta de dire : *Je suis cendre et poussière* C'est là que pour un prêtre se trouve l'autorité; elle vient de Dieu même qui a dit · *Apprenez de moi que je suis doux et humble de cœur.*

Ce caractère du prêtre, tel que je viens de le décrire, ne peut se présenter aux hommes sans provoquer le respect; toutefois, entouré des séductions du monde, qu'il prenne garde de s'y laisser entrainer; c'est ce qu'il fera toujours, lorsque, malgré les préceptes de Dieu et des apôtres, il voudra se mêler à ses mouvemens.

En observant la chasteté, ou même en réduisant son corps en servitude comme saint Paul, un prêtre pense remplir les devoirs qui lui sont imposés Il n'en remplit qu'une partie; il lui reste à dompter les suggestions de l'esprit. L'amour charnel n'est pas la seule volupté de la vie, l'amour de la domination en est une autre assez vive.

Dans les premiers ébats d'un amour innocent, si malgré la pureté d'un jeune homme, les maîtres de la vie spirituelle conçoivent de l'inquiétude, avertis comme ils le sont de la folie des sens ; pour peu que ces ébats prennent un caractère vif, si leur inquiétude augmente , et s'ils reconnaissent déjà ce qu'ils appellent *indicia perituræ castitatis*, que penser de ces autres ébats où, par l'effet d'une autre espèce de concupiscence, l'orgueil convoite l'orgueil, où l'homme cherche à dominer l'homme ? C'est en vain qu'on se parera des plus beaux motifs, il sera facile de reconnaitre le penchant d'une tendance dépravée, et bientôt *indicia perituræ sanctitatis !* Pour le jeune homme passionné qu'y a-t-il de plus beau que l'amour ? Pour le prêtre qui s'égare qu'y a-t-il de plus noble que la conquête des ames ? Que peut-on faire de mieux que de s'emparer du monde pour le donner au ciel ?

Telles sont les suggestions artificieuses avec lesquelles l'esprit du mal pousse les prêtres dans les choses du monde, et par-là même à leur dégradation.

14

# CHAPITRE V.

CONTINUATION DU MÊME SUJET ; DES RAISONS QUI SONT ALLÉGUÉES POUR PORTER LES PRÊTRES DANS LES CHOSES DU MONDE.

TOUTE nation qui a des mœurs et qui s'est placée dans le monde civilisé de manière à y avoir quelque honneur, se fait remarquer par son respect pour les femmes et pour les prêtres. Elle se fait remarquer en même temps par le soin qu'elle met à les éloigner de ses affaires.

Et d'abord, pourquoi cette exclusion des femmes ? Y a-t-il dans leur constitution particulière quelque chose qui accuse leur incapacité ? Si j'avançais cette maxime, la loi civile s'élèverait aussitôt pour me dire qu'à la mort du mari, elle institue la femme tutrice des enfans et gouvernante de la maison : la loi politique s'élèverait à son tour pour me dire que même·dans le royaume de France, où les femmes ne succèdent pas à la couronne, elle institue à la mort du roi la reine tutrice des enfans et régente du royaume. L'histoire et le tableau de la société s'élèveraient de leur côté pour me montrer de grandes reines comme de grands rois, ainsi qu'une multitude de femmes lettrées et savantes. Certes, il faudrait avoir bien du courage pour soutenir que madame de Maintenon n'avait aucune capacité politique, et que madame de Staël n'était pas digne de figurer dans une académie.

Il en est de même des prêtres. Certes je ne demanderai pas s'il y a dans la constitution du prêtre quelque chose qui l'exclut des fonctions sociales. L'éducation particulière que le prêtre reçoit, les lumières qu'il est en état d'acquérir, la supériorité de vertu comme de talent qui le place généralement au-dessus des autres hommes, me paraissent des avantages tellement incontestables, que je n'ai plus à demander pourquoi on lui attribue telle ou telle fonction, mais seulement pourquoi il ne les exerce pas toutes. Je ne sais, par exemple, pourquoi nous avons un

14*

ministre de la justice et un ministre de l'intérieur laïques? pourquoi nous avons de même,
composés comme ils le sont, des préfets et
des sous-préfets, des maires de village et des
maires de canton? pourquoi nous avons nos
Cours royales actuelles, nos tribunaux de
première instance et nos juges de paix.
Est-ce que le clergé supérieur et inférieur
ne remplirait pas bien ces places? Me contesterait-on qu'un curé qui a appris en
théologie son Traité de la justice, en même
temps que son Traité de la grâce, qui a
l'habitude de la dialectique et de la scho-
lastique, est moins propre qu'un maire bourgeois au contentieux des affaires; qu'il portera dans l'administration moins de lumières,
dans ses jugemens moins de conscience et
d'équité? Me contesterait-on que certains
cardinaux, certains évêques, certains abbés,
n'aient pas été de bons juges, de bons ministres, de véritables hommes d'Etat? Oserait-
on me dire, parce qu'on est prêtre, qu'on
doit aussitôt se trouver frappé d'une sorte
d'infériorité ou d'incapacité dans les affaires.

Ceux qui veulent exclure les prêtres de
toute fonction civile ne me diront pas cela :

ceux qui veulent les porter partout ne me
diront pas non plus que c'est à cause
d'une supériorité particulière. Ils se gardent
de généraliser ainsi les prétentions ; ils consentent à laisser aux hommes du monde
un certain train d'affaires ; ils mettent
seulement à part l'éducation qu'ils attri-
buent aux prêtres, comme étant leur domaine particulier. On a entendu parler des
grandes, difficultés du chinois et de l'hé-
breu ; on a entendu parler des grandes
difficultés du calcul differentiel et intégral :
aux yeux de ces hommes, la morale et le
culte chrétien offrent apparemment des difficultés semblables.

A l'égard des grandes fonctions d'Etat,
ces hommes sont de même très-raisonnables.
Ils ne prétendent à aucune exclusion des
laïques ; ils demandent seulement pour les
prêtres une part suffisante. La vie dévote à
laquelle le prêtre appartient, et les soins
pénibles de son ministère exigeant du repos, que peut-il y avoir de mieux que de
l'employer avec utilité aux affaires publiques ? En outre de ce délassement convenable, la puissance temporelle étant sujette à

beaucoup d'entreprises, n'est-il pas naturel qu'il y ait dans toutes ses parties un poste d'évêques ou de prêtres à l'effet de surveiller jour à jour ses mouvemens, voir en quoi ils peuvent contrarier ou favoriser, offenser ou seconder ceux de la puissance spirituelle? C'est ainsi qu'il y a eu de nos jours un commissaire anglais à Dunkerque, non pas pour régir la ville, mais seulement pour observer les mouvemens du port, et réprimer dans l'intérieur toute entreprise de construction supposée nuisible à des intérêts rivaux.

Je ne suis point étonné de ces prétentions des prêtres. Je ne les accuse même pas trop de ce qu'elles ont d'exagération. Après les événemens d'une révolution qui a tout bouleversé, le mouvement qui l'a suivie a été tel, que les créations nouvelles, se faisant avec toute l'énergie qui leur était propre, ont dû excéder bien souvent l'espace qui leur appartenait. Entre nos anciennes institutions, comme celle du clergé, toute mutilée qu'elle était, se trouvait, par toutes ses connexions, la plus facile à se reprendre; elle s'est reprise avec d'autant plus d'activité, qu'autour d'elle la place était vide. Attendu

les obstacles qu'elle a éprouvés de Bonaparte,
si au premier abord elle n'a pu s'étendre à
son aise, aussitôt que la légitimité lui en a
laissé la liberté, elle a dû en profiter. La légitimité elle-même, trouvant tout désert, a
regardé comme une fortune une base où
elle pouvait s'appuyer.

Ici, il faut prendre garde de ne rien outrer. Dans le mouvement d'un grand Etat,
où la puissance temporelle protectrice de
tous les intérêts a à protéger nos intérêts
chrétiens comme tous les autres, il est difficile que le monarque qui a un conseil pour
toutes les parties de son gouvernement, n'y
appelle pas quelquefois pour les intérêts spirituels les princes de la vie spirituelle : tout
ce que j'ai à dire, c'est que pour les prêtres
comme pour le pouvoir, pour la religion
comme pour la société, une loi à observer
rigoureusement c'est d'empêcher les prêtres
d'occuper dans les fonctions civiles un poste
fixe.

Quand une nation est très-galante, elle
met un grand soin à éloigner les femmes des
affaires; car alors elles ont trop d'importance.
Quand une nation est très-religieuse, elle

doit par la même raison mettre un grand soin
à éloigner les prêtres ; si elle n'est pas très-
religieuse, il faut encore qu'elle les éloigne;
car elle doit chercher à gagner en leur faveur l'affection et le respect. Eh ! comment
les respecter, lorsque, faussant toutes les at-
titudes et toutes les allures, on les voit
quitter l'étole pour la toge, la toge pour l'é-
tole ; cumuler les fonctions de magistrat et
de prêtre, de législateur et de magistrat!

Si on a une véritable idée de ce qui constitue des prêtres, n'est-ce pas une pitié de
les voir introduits non-seulement dans les
universités, dans les administrations, mais
même dans les académies ? Encore si c'é-
tait de ces prêtres de l'ancien régime,
espèces d'abbés, je ne dirai pas sans sacerdoce, mais au moins sans ministère, et dont
il était bon de mettre à profit les talens
distingués, et l'éducation soignée. Mais ce
sont, au contraire, nos prêtres les plus fer-
vens, ce sont le plus souvent des modèles
de sainteté, espèces d'arbres divins qu'on
se plaît à dégrader en les entant sur la vie
du siècle pour leur faire porter les fruits de
la frivolité.

On a cru donner ainsi de la considération
aux prêtres. Je le demande : un artiste qui
aurait à faire le portrait de M. l'Archevêque de Paris, le peindrait-il de préfé-
rence au moment où il siége à l'Académie,
faisant des observations savantes sur les par-
ticipes et les particules? Non. Pourquoi?
Parce qu'il sentirait que son modèle se
trouve ainsi abaissé. Granet vous a plu avec
son tableau des Capucins. Pourquoi? Par
beaucoup de raisons assurément d'art et de
talent, mais aussi par l'attitude dans laquelle
il a placé ces religieux. Si au lieu de les peindre dans une église et en prières, il les avait
peints en récréation , au réfectoire, ou
même, si vous voulez, avec l'importance
que le cardinal de Richelieu avait donnée à
son père Joseph, il aurait pu, comme pein-
tre, avoir le même talent : il n'aurait pas eu
le même succès.

Vous voulez inspirer en France du respect pour les prêtres. Au nom de Dieu ne
les mettez ni dans le monde, ni dans les affaires! Quoi qu'ils vous disent, empêchez-les
de se prostituer dans le détail des misères
humaines. Vous renfermez vos, vases sacrés

dans des tabernacles ; vous ne les produisez au regard public, même au culte, qu'avec ménagement : faites-en autant de vos prêtres. Ne permettez pas à ces ciboires et à ces calices d'aller parader dans nos fêtes. Les femmes sont des fleurs; les mettre dans les affaires, c'est les faner. Les prêtres sont des vases saints; les employer aux usages du monde, c'est les profaner.

Pour légitimer cette profanation, plusieurs exemples sont allégués. On a cité d'abord l'antiquité; on cite ensuite les services importans rendus par le clergé à la société. Certes, ce n'est pas moi qui contesterai ces allégations; je les appuierai même de tout mon pouvoir; j'en contesterai seulement l'application.

Dans l'enfance des sociétés, lorsque les hommes appliqués tantôt aux besoins de la vie, tantôt emportés dans le mouvement des combats, n'avaient encore ni instruction, ni corps de lois fixé, ni presque de constitution sociale, il était naturel que tous les regards se tournassent vers les hommes de Dieu, les hommes de la méditation et de la prière, les seuls qui, avec du loisir, eussent

en même temps de l'instruction et des vertus : c'est ainsi qu'en Egypte, chez les Hé-
breux et dans la Gaule, les prêtres acquirent
la domination civile et politique.

En France et chez plusieurs nations de
l'Europe, lorsque l'empire romain croulant
de toutes parts avec ses anciennes mœurs,
ses anciennes institutions , son ancienne
religion , ses anciennes lois , le sol se
trouva investi par une multitude d'étrangers , n'ayant eux-mêmes d'autres habitudes, que celles de la guerre , d'autre gouvernement que celui des armes , ce fut sûrement une fortune pour ces étrangers, ainsi
que pour ce qui restait d'habitans indigènes,
de trouver auprès d'eux des hommes let-
trés , façonnés, en même temps qu'à la
vertu, aux arts, aux lois, à la discipline
sociale.

Dans un âge plus avancé, les croisades
ayant de nouveau bouleversé la France, en
portant vers l'Orient tout ce qu'elle avait
d'hommes considérables, il fut encore très-
heureux pour elle qu'il restât dans son sein,
sous le nom de *clercs*, des hommes capables
de remplir une partie des fonctions civiles.

Ce n'est ni dans une telle situation, ni dans de telles circonstances, que se montre un certain esprit ambitieux que j'accuse. Et d'abord une vérité importante dans cette discussion, et qu'on ne doit jamais perdre de vue, c'est que dans les écarts que je signale, c'est toujours moins le clergé que la société, les gouvernemens, les souverains eux-mêmes, qui sont coupables. Les temps le sont aussi. Si les temps sont troublés, si les gouvernemens sont peu éclairés, si la société se partage entre une devotion ardente, stupide, et une indifférence religieuse encore plus stupide, il faudra que tout sorte de sa voie, et par conséquent s'égare.

Qu'il me soit permis de prendre pour exemple une des communes de France, telles qu'elles sont composées avec leurs juges de paix, leur maire, leur notaire. Si, par l'effet de je ne sais quelle paralysie, ces fonctionnaires se trouvaient empêchés pour l'exercice de leurs fonctions, est-ce que le curé, homme charitable, plein d'activité et d'instruction, abandonnera à eux-mêmes ses paroissiens ? Au contraire, il leur administrera avec plus de zèle les se-

cours qui sont à sa disposition. Des propriétaires ont entre eux des contestations sur les
limites de leur possession ; le curé se trans-
portera sur les lieux, et avec prudence,
savoir, équité, il prononcera sur ces contestations. Il en sera de même sur les autres
points. Des ponts sont à construire, des
chemins ont besoin de réparation ; la fontaine du village, l'horloge, l'école publique
demandent quelque entretien. En l'absence
du maire, si le curé, qui a du zèle, assemble les
principaux habitans, s'il règle avec eux le
contingent des contributions ; dans ses visi-
tes pastorales, si le mourant lui confie ses
dernières volontés, si le père de famille lui
confie ses projets d'établissement ; dans les
maladies des hommes et des animaux, s'il
lui convient d'appliquer les secours de ses
lumières et de son expérience, quel repro-
che méritera-t-il en cela ? quel prétexte surtout trouvera-t-on pour l'accuser?

Je conviens de cette manière que peu à
peu l'office de juge de paix, celui de maire,
celui de notaire, de chirurgien de village, ou
de maître d'école, tomberont. A qui la faute?

Dans un de mes précédens écrits j'ai cité

avec éloge l'ouvrage *du Pape*, de M. le
comte de Maistre. Cet éloge ne porte certainement pas sur la partie ultramontaine
de ce livre; mais il est très-vrai, à mon
avis, que personne n'a démontré aussi victorieusement que cet écrivain, comment,
sans aucune espèce d'ambition, de dessein
et de préméditation, mais seulement par
l'impulsion des temps et des événemens, le
pouvoir des papes est parvenu à envahir
non-seulement la ville de Rome, mais encore l'Italie et une partie du monde. La
puissance des prêtres envahirait de même,
si certains temps revenaient, et si on les
laissait faire, tous les emplois, tous les offices, toutes les dignités, toutes les autorités.
Et qui pourrait dire que l'administration
ecclésiastique n'est pas aussi bonne qu'une
autre? J'ai suivi pendant long-temps tout ce
que j'ai pu découvrir de nos vieilles chartres : j'ose affirmer que sous ce gouvernement féodal qui a tant occupé nos écrivains,
l'administration des évêques, celle des ab-
bayes et des couvens de moines, non-seulement égalait, mais encore surpassait en
équité, en bonté, en paternité, l'adminis-

tration la plus renommée des hauts barons.

Actuellement, après avoir admis avec vous tous ces faits, après les avoir excusés, justifiés même par le zèle et la nécessité des temps ; après avoir reconnu encore les biens que la société en a retirés, il ne s'agit plus que de savoir si nous sommes dans un temps et dans un état de société, où l'intervention civile et politique des prêtres puisse être regardée de même comme un avantage ou comme une nécessité. Il faut aussi considérer, soit pour le sacerdoce, soit pour la religion, soit pour l'autorité, soit pour la société, les inconvéniens qui anciennement se sont mêlés aux avantages.

Si cette immersion des prêtres dans les affaires mondaines est précisément ce qui les a perdus ; si, en s'emparant du monde, il est arrivé qu'en même temps le monde s'est emparé d'eux ; s'il en est résulté des attaques continuelles contre l'autorité, la dépravation générale des mœurs, les révoltes successives du calvinisme, du jansénisme, et finalement de l'athéisme, vous devez prendre garde, avec les mêmes causes, de produire les mêmes effets. Je n'irai pas recher—

cher ici avec affectation leur conduite sous
la seconde race, lorsqu'ils déposèrent Louis-
le-Débonnaire et Charles-le-Chauve ; je ne
la rechercherai pas non plus dans les premiers temps de la troisième race, lorsqu'ils
excommunièrent le roi Robert, qu'ils mena-
cèrent Philippe-Auguste, saint Louis, Philippe-le-Bel ; je ne la rechercherai pas non
plus dans la guerre des Albigeois, lorsqu'ils
mirent tout le Midi en feu. Au temps de
saint Bernard, si le clergé était déjà perdu
de simonie et de débauche, ainsi que je le
vois dans ses Lettres ; sous saint Louis lui-
même, si les abus étaient arrivés à un tel
point, que j'y trouve un évêque âgé de dix-
huit ans ; plus tard, c'est-à-dire après le
concordat, s'il s'était renouvelé à l'égard des
prêtres une sorte de spoliation semblable à
celle de Charles Martel ; si la société était
arrivée, à l'égard des prêtres, à un tel
mépris, que de grandes dames osaient
dire : *mon évéché, ma cure;* plus tard encore, si le capitaine Bourdeille s'était sans
façon emparé de l'abbaye de Brantôme, dont
il a publiquement pris et garde le nom ;
enfin, si je me mets à peindre tout l'état de

l'Eglise, de la religion et de la société au temps de Léon X, et tout ce qui s'en est suivi, on conviendra que les avantages apportés par l'introduction des prêtres dans les choses temporelles, présentent des compensations.

Je n'ai pas fini.

Après cette époque, je ne chercherai pas, si l'on veut, le temps de la Ligue et cette conspiration continuelle des jésuites contre Henri IV, leur bienfaiteur et leur victime. Je me placerai, au plus près de l'âge présent, sous le règne de Louis XIII. Là je ne contesterai pas au cardinal de Richelieu un grand talent comme homme d'Etat ; mais si je veux le dessiner comme prêtre, dans quelle partie de sa vie le prendrai-je? Sera-ce lorsqu'il endosse la cuirasse et qu'il commande les armées, lorsque, créant des commissions au lieu de juges, il fait trancher la tête à Marillac et au jeune de Thou ; ou bien, lorsque, tout entier à la niaiserie d'un poëme tragique, il cherche à soulever l'Académie et Paris contre le Cid ; ou bien encore dans l'intérieur de sa maison, lorsqu'il fait soutenir des thèses d'amour à sa nièce?

15

Je passe à la minorité de Louis XIV. Je ne contesterai sûrement pas au cardinal de Retz un grand talent et un esprit élevé; mais celui-là, si je veux encore le dessiner comme prêtre, dans quel moment le prendrai-je? Est-ce au parlement, lorsqu'il harangue pour la Fronde, ou dans les rues de Paris, lorsqu'il en dirige les légions, ou dans les salons lorsqu'il est publiquement amoureux de mademoiselle de Chevreuse? Il est vrai que j'apprends de lui et du président Molé qu'elle avait de très-beaux yeux.

Lecteur, vous ne connaissez peut-être pas le madrigal suivant :

> Iris s'est rendue à ma foi,
> Qu'eût-elle fait pour sa défense ?
> Nous n'étions que nous trois, elle, l'amour et moi,
> Et l'amour fut d'intelligence

Et de qui sont ces jolis vers ? D'un prêtre académicien, d'un prédicateur du Roi sous Louis XIV, du fameux abbé Cottin.

Je vous fais grâce du cardinal Dubois. Je ne veux vous citer que des abbés beaux esprits, charmans vauriens, tels que Chaulieu et Lattaignant, ou un homme d'affaires de

nos jours, l'abbé Terray. Avec une telle lé-
gende de saints, vous etes étonnés de l'a-
baissement de la religion et de la dégradation du caractère de prêtre. Vous allez
chercher parmi les philosophes une conspiration contre la religion. Prêtres, c'est dans
votre sein que vous la trouverez! Vous la
trouverez dans cette multitude d'évèques
beaux esprits, philosophes, académiciens,
désertant de toutes parts leur diocèse pour
aller encombrer les hôtels de Paris de leur
ridicule magnificence; vous la trouverez dans
cette autre multitude de jeunes abbés de
cour, qui troublant dans les séminaires l'ordre des exercices, allant ensuite en Sorbonne
se réunir dans un coin à l'effet de troubler
plus à leur aise la démonstration du pro-
fesseur, le faisaient s'écrier : *In angulo sor-*
*des et de sordibus episcopi.* Vous la trouverez
dans vos prétentions d'alors au bel esprit,
aux affaires, à toutes les mondanités; vous
la trouverez encore aujourd'hui dans les
mêmes dispositions qui vous ont repris, et
qui vous conduiront aux mêmes effets.

# CHAPITRE VI.

QUE LE SYSTÈME, OBJET DE L'ACCUSATION, TEND A ALTÉRER ET A PERVERTIR LA MORALE ; CI QUE C'EST QUE LES MOEURS

JE suis porté à croire, malgré les grands progrès de la civilisation, qu'on ne sait pas bien ce que c'est que les mœurs. Jusqu'à présent aucun homme administrant n'a été dans le cas de s'en occuper ; nos grands penseurs eux-mêmes, Locke, Montesquieu, Bacon, ont supposé les mœurs sans les définir. On a de Tacite un ouvrage admirable sur les mœurs des Germains ; dans cet ouvrage, le mot *mœurs* ne signifie que les coutumes En général, les anciens ont parlé de mœurs comme on parle de l'air qu'on respire sans savoir ce que c'est. Il me conviendrait fort de suivre cet exemple, si en parlant sans cesse des mœurs qu'un certain parti confond avec la religion, à l'effet de mettre le tout ensem-

ble sous l'autorité du prêtre, il n'en résul-
tait pour la société des conséquences redoutables que je dois écarter.

Tout ce qui s'appelle MOEURS représente
une sorte d'ensemble, d'union, ou, si l'on
veut, d'harmonie. Sous ce rapport, on dis-
tingue les mœurs politiques qui sont propres
à une nation, les mœurs locales qui sont
propres à une contrée, les mœurs domestiques qui sont propres à la famille, les mœurs
individuelles qui caractérisent l'ensemble de
la vie. Cet ensemble, cette harmonie d'où
résulte dans les individus cette énergie qu'on
appelle vertu, dans les congrégations l'esprit de corps, dans la famille l'honneur,
dans la contrée l'esprit public, dans une
nation le patriotisme : voilà ce que c'est que
les mœurs.

Comme les mœurs, dans leurs diverses
nuances, dérivent du même principe, elles
sont sujettes aux mêmes règles Dans l'homme
individuel, si l'harmonie qui compose sa
force n'est jamais rompue, il a le bonheur
de demeurer, dans tout le cours de sa vie,
semblable à lui-même. Il se trouve ainsi dans
sa vieillesse sur la même voie qu'il a tenue

au jeune àge : c'est ce que l'Esprit-Saint exprime très-bien par ces paroles: *Adolescens juxtà viam suam, etiam cum senuerit non recedet ab eá.*

Emporté par le flot des événemens qui nous égarent, ou par l'ardeur des passions qui nous entraînent, si l'accord de notre vie vient à se rompre en quelque point, il en résultera, dans des choses de peu d'impoitance, une simple impression de malaise; dans des choses qui toucheront notre honneur ou notre conscience, un état plus ou moins douloureux de honte et de remords. Si cet accord vient à être brisé souvent, il n'y aura plus de remords; il y aura une vie tout entière rompue et déprise d'avec elle-même. On dira d'un tel homme qu'il est *corrompu;* il le sera en effet dans tout le sens de cette expression; car sa vie dissoute sera tout en pièces, et ne tiendra par aucun bout.

Il n'en sera pas autrement d'une nation. Si par le flot des passions ou par celui des événemens, la vie nationale, s'affaiblissant par certaines causes, vient à se déprendre tout-à-fait de sa vie passée, si toutes ses

anciennes institutions viennent à se rompre,
et si, en voulant ensuite se reprendre, elles
se rompent encore et se fracturent ainsi sans
cesse, pendant un certain laps de temps, on
aura en grand le spectacle de corruption qui
peut se remarquer dans la vie d'un individu.

Dans un autre chapitre, j'aurai à montrer
plus particulièrement comment la religion
doit s'accorder avec les mœurs, les affermir
quand elles sont bonnes, les corriger quand
elles sont défectueuses. En ce moment, je ne
dois m'occuper qu'à montrer leur caractère.
J'ai à écarter surtout de fausses doctrines
qui mettent le principe des mœurs tantôt
dans la religion, tantôt dans les lois. Pour
les peuples, comme pour les individus, les
mœurs ne sont autre chose qu'un concert
de sentimens ainsi que d'habitudes. Comment
un tel concert peut-il parvenir à s'établir et
à se former ? c'est ce qu'il importe de rechercher. Il paraît que le grand principe à cet
égard est dans la loi des communications
humaines.

Que la nature humaine soit ainsi faite,
que les impressions soient communicatives

d'homme à homme, c'est ce qu'il est facile d'observer dans des rassemblemens
nombreux où le rire, les pleurs, les bâille-
mens, les convulsions se communiquent
quelquefois de manière à paraître quelque
chose de contagieux. Dans les choses les plus
frivoles comme les plus sérieuses, on a vu
se développer, sous le nom d'enthousiasme,
une énergie qui a triomphé des plus grands
obstacles, et qui a quelquefois donné lieu
à des discussions violentes. On a vu tout
Paris se partager entre les gluckistes et
les piccinistes ; un parterre se diviser sur
le mérite d'une pièce de théâtre, et cette
division occasioner des · rixes sanglantes.
C'est ainsi qu'on peut comprendre l'impression que fit dans la Grèce l'addition d'une
corde à la lyre.

Dans toutes les nations, le simple costume,
quand il est établi, a une telle autorité, que
le moindre changement imposé par un czar
ou par un sultan, causerait un soulèvement.
Les régens de collége sont très-puissans :
ils ont à leur disposition des férules et des
verges ; ils sont incapables de retenir quelques centaines de morveux, au moment où

ceux-ci auront appris qu'un des leurs a reçu une insulte. Il en est de même de la police particulière des ouvriers dans une manufacture ; de même de celle des soldats dans leur chambrée. Avec la seule force de l'esprit public, vous pouvez obtenir les observances les plus difficiles sans aucune entremise de la religion et de la loi. Avec cette entremise, il peut arriver que vous n'obteniez rien.

Je citerai à cet égard quelque exemples.

Retiré dans un village de la Suisse, je vois sortir régulièrement de chaque maison des seaux de lait qu'on apporte à une maison commune pour une fabrique commune. Un registre exact est tenu chaque jour des quotités versées, et chaque maison reçoit finalement sa quotité correspondante en fromage. Dans une telle administration, où la fraude est si facile, comment n'en voit-on pas des exemples ? Jamais.

Je vais en Allemagne. A Jéna et à Gotha, les directeurs des musées me montrent comme objet de curiosité un squelette de loup. « Comment, monsieur, dans un pays couvert d'oies et de moutons, vous n'avez pas de loup? — Nous en aurions bien si nous voulions; mais aussitôt qu'il en paraît un, la contrée entière s'émeut. Il n'y a pas de repos jusqu'à ce qu'il soit détruit. Celui que vous voyez là parut, il y a onze ans, dans les montagnes que vous venez de visiter  Au bout de trois jours, il fut abattu et apporté ici. »

Voilà ce qui s'opère dans certaines contrées avec le seul mouvement de l'esprit public. Actuellement, je vais montrer, dans des choses bien plus importantes, et avec le secours de la religion et des lois, ce qui se passe dans d'autres.

Je vais en Italie. Il ne manque là ni de missionnaires, ni de croyance, ni de gendarmes, ni d'établissemens religieux. Posté dans un village sur le bord du lac de Bolsenne, avec dix sbires qui étaient à ma solde et qui devaient me protéger dans certaines courses de montagnes, les voleurs dont ces montagnes étaient garnies enlevèrent en plein jour une jeune fille qui puisait de l'eau à la fontaine; il n'y eut pas la moindre rumeur dans le village. Dans ces dernières années, les voleurs ont enlevé, à Frascati, dans sa maison, le supérieur des camaldules et sept religieux. Personne n'a bougé.

Ces faits expliquent ce qu'il y a de mystérieux dans les mœurs. On comprend comment, dans certains pays, sans aucune espèce de loi, il peut s'établir des règles et de l'ordre; comment, dans d'autres pays, malgré les lois et une abondance d'établissemens religieux, il peut s'établir une telle chose que le brigandage. Partout où, avec les bonnes habitudes et les bons sentimens, il s'établit des mœurs, il s'établit avec elles du respect pour les choses et pour les personnes, et par-là même des moyens faciles de gouvernement. Là où, par une cause ou par une autre, les respects sont dissous; là où les classes pauvres ne sont contenues auprès des classes riches que par la crainte, les classes moyennes auprès des classes élevées que par la loi, les classes supérieures auprès du pouvoir que par la Charte, vous serez dans l'anarchie. Les gendarmes ne vous préserveront pas plus alors que les missionnaires; les échafauds, que les peines d'une autre vie. Ces moyens, faits pour les cas extraordinaires, appliqués sans cesse au

cours de la vie, se trouveront souvent inu—
tiles, toujours insuffisans

Il est facile de se convaincre que ces désordres, qu'on s'obstine à attribuer ici à
une négligence de la part des lois de police;
ailleurs à un manque de zèle de la part des
prêtres, sont simplement l'effet d'une certaine défectuosité dans les mœurs. Si vous interrogez en Irlande les *white boys*, ils ne vous
citeront pour se justifier ni l'Encyclopédie,
ni la philosophie, dont ils n'ont point entendu parler; ils vous diront que dans leur
pays, les propriétés n'ayant pour origine
que la spoliation et la confiscation, ils ne
sont tenus à aucun respect pour de telles propriétés; ils ajouteront que les propriétaires
vivant presque tous à Londres, leurs posses-
sions sont livrées à de misérables fermiers
et sous-fermiers, fléaux de la contrée. Si
vous interrogez les *luddistes*, ils ne vous
parleront pas plus que les précédens de
Voltaire ou de d'Alembert; ils vous diront
que les chefs fabricans ou manufacturiers ne
sont avec leurs machines que des aventuriers
qui ôtent au peuple ses moyens de subsistance. Si vous interrogez les voleurs anglais,

ils vous diront que dans leur patrie l'argent
a une telle importance, qu'au lieu de demander, comme dans les autres pays, combien
un homme a de revenus, la locution admise
est de demander *combien il vaut*. Ils diront
ensuite bien d'autres choses sur un de leurs
rois qui a été voleur, et sur la commémo-
ration qu'en font chaque année les chefs
d'une école célèbre.

A l'égard de l'Italie, il n'est pas plus difficile d'expliquer le système de désordre qui
y règne au milieu de ses missionnaires et de
ses gendarmes. Tout provient d'un certain
mauvais esprit public. Ce n'est jamais que
par hasard que les brigands sont atteints :
ils ne sont ni recherchés, ni dénoncés ; ils
vont habituellement aux marchés et aux
foires. De tous côtés, on a soin de les informer des entreprises qu'on fait contre eux.
Leur profession n'est point un objet de
honte : quelquefois elle est honorée. Dans
un territoire particulier, un commissaire de
police m'a assuré qu'une honnête fille ne se
permettrait pas d'épouser un jeune homme,
s'il n'avait pas au moins pendant deux ans
exercé la profession de voleur.

Je suis fâché que ces faits, leur rapproche-
ment et leurs conséquences ne cadrent pas
avec les théories de certains politiques, qui
croient que pour ordonner un pays il n'y a
qu'à y parler d'enfer et d'échafauds, de gendarmes et de prêtres. Aucun pays, encore
moins la France d'aujourd'hui, ne s'accom-
modera de ce système. S'il est vrai que c'est
par les mœurs que se gouverne principalement un pays, et si les mœurs se composent principalement d'un amalgame de bons
sentimens et de bonnes habitudes, formez
les bonnes habitudes, entretenez les bons
sentimens : tout cela formera les bonnes
mœurs. C'est par la religion qui a tant de
sympathie avec les autres bons sentimens ;
c'est par les habitudes du culte qui ont tant
de sympathie avec les autres bonnes habitudes, que vous affermirez et perfection-
nerez votre ouvrage.

Connaissant peu cette question, et aussi à
raison des occupations habituelles, n'ayant
pas le temps de l'examiner, le gouvernement
de Louis XVIII qui reconnaissait l'importance des mœurs, mais qui ne savait comment s'y prendre pour les refaire, en chargea

les prêtres, comme si c'était une chose spécialement de leur ressort. C'était une méprise.

Dans cette œuvre pour laquelle les prêtres se croient faits et pour laquelle cependant
dant ils ont peu d'aptitude, s'ils n'y avaient
pas mêlé une autre pensée ; si au lieu de se
mettre sans cesse en avant pour étendre leur
domination et s'acharner à redemander,
dans l'état où était la France, des avantages
qu'ils avaient perdus, on les avait vus uni-
quement occupés de la religion, la présenter comme un secours et non pas comme
une menace, et le sacerdoce lui-même
comme un ministère et non pas comme
une puissance, ils auraient pu faire quelque
bien. Avant tout, ils devaient chercher la
morale dans le cœur humain, et non pas
dans leurs préceptes.

Il fallait pour cela qu'ils en connussent le
principe. Qu'était-ce dans les Gaules que ce
sentiment qui portait un ami *dévoué* à ne jamais survivre a son ami, ainsi que nous l'apprend César ? Qu'est-ce au Malabar que ce
sentiment qui porte une femme à ne pas survivre à son mari ? Qu'est-ce en France que ce
sentiment qui porte un homme outragé à ce

qu'on appelle duel, ou combat singulier?
Tout cela peut s'appeler comme on voudra de
mauvaises mœurs; ce sont des mœurs pourtant. Ces mœurs lient les hommes en état de
nation; si quelquefois elles marchent avec
la religion, quelquefois elles sont en opposition, et alors elles l'emportent et l'entrai-
nent avec elles.

Autant l'union de la religion et des mœurs,
quand elle existe, donne à une nation d'é-
nergie et de moyens de prospérité, autant
leur dissension peut être funeste. Dans ce
cas, c'est toujours la religion qui succombe.
Elle fait ainsi un grand bien ou un grand
mal: un grand bien, lorsque les mœurs
sont telles qu'elle peut leur donner son lustre
et son appui; un grand mal, lorsqu'étant
mal entendue, elle se jette sur les mœurs,
non pour les corriger doucement, comme
elles en ont besoin quelquefois, mais pour
les asservir et les dominer. Elle fait encore
un grand mal, lorsque se portant dans la vie
civile, elle en veut occuper tout l'espace
par ses rites, ses cérémonies, ses pratiques,
et substituer ainsi les mœurs religieuses aux
mœurs civiles; d'où il arrive que peu à peu

les lois civiles se fondent dans les lois religieuses ; que le prêtre législateur religieux
est conduit à devenir en même temps législateur et souverain de la société : ce qui prépare la chute de la religion et de la société

Voilà ce que c'est qu'une religion qui, au
lieu de se lier aux mœurs, cherche de jalousie à les combattre, veut sans cesse substituer sa force à la leur , ou comme aujour-
d'hui se mettre tout-à-fait à leur place. On
cite des effets particuliers de la religion pour
prouver que la religion est le seul principe des
mœurs. C'est comme si on citait des effets particuliers des remèdes pour prouver que la médecine est le seul principe de la santé. Eh !
oui, sans doute, monsieur le médecin, l'opium
me fera dormir; j'aimerais mieux dormir pourtant par ma constitution propre; et s'il me faut
dormir tous les jours de cette manière , j'ai
peur de ne pas dormir long-temps.

En voulant à elle seule faire les mœurs,
la religion se place dans un véritable
contre-sens ; en voulant mal à propos les
combattre, le contre-sens devient beaucoup
plus fâcheux.

Certes la France n'a pas, comme la Grèce,

des jeux olympiques, où un Hérodote pourra lire son Histoire après avoir pris le ton d'un joueur de flûte, espèce de congrès où la force, l'adresse, l'esprit, les talens, étaient en scène. Mais elle a, comme la Grèce, ses théâtres, sa littérature, ses académies. Elle reçoit de tous ses citoyens un besoin continu de communication par la pensée et par les sentimens ; elle a aussi un mouvement général d'arts, de sciences, de littérature, où tous les esprits luttent à deviner les plus beaux sentimens, avec leur plus bel entourage et leurs plus belles formes, à l'effet d'en animer diversement la toile, le marbre, le papier, et quelquefois même les reproduire avec une apparence de réalité sur la scène.

Sans doute ces jeux ne conviennent point à la vie dévote qui n'a point à se nourrir de semblables frivolités. Mais sous prétexte qu'ils en sont sévèrement exclus, les prêtres se liguent pour les exclure de même de la vie chrétienne. Sur ce point en vérité leur conduite est bizarre. D'un côté, dans leurs prédications, dans leurs missions, les spectacles sont condamnés comme un crime ; d'un autre

côté, ils permettent ce crime à de grandes
princesses et à de grands potentats. Se
croient-ils donc en droit de faire à leur volonté le bien et le mal, de disposer du ciel
et de l'enfer ?

Avec une religion ainsi conduite, et des
mœurs publiques ainsi tracassees, on peut
réussir à subjuguer une partie du peuple,
on en révolte une autre partie : une troisième
qui ne se révolte pas, condamnant en secret
cette impulsion ultra-chrétienne, ne la repousse pas ouvertement, mais lui résiste
sans cesse, et fait à cet égard ce qu'on fait
des mauvaises lois qu'on ne veut pas abroger positivement, mais qu'on tâche de faire
tomber tout doucement en désuétude.

# CHAPITRE VII.

CONTINUATION DU MÊME SUJET, APPLICATION DE CES PRINCIPES A L'ÉTAT ACTUEL DE LA FRANCE.

Si j'arrête mes regards sur la France ancienne, deux sortes de tableaux se présentent à ma pensée.

Personne ne contestera qu'il n'y eût en France, sous l'ancien régime, des magistrats intègres, des cours judiciaires d'un bon esprit; dans toutes les classes, un grand dévouement pour le roi et pour la famille royale. Il y avait de plus (ceci a quelque importance) un bon ton de littérature, un théâtre qui cédait à celui du siècle de Louis XIV, mais qui cédait peu; il y avait un beau mouvement général dans les arts et dans les sciences; partout un point d'honneur vif; dans l'armée, soit de terre soit de mer, de l'instruction et du courage; enfin, de l'élégance dans les manières, de la politesse

dans les formes et un bon ton général.
Comment une nation composée ainsi ne se
conserve-t-elle pas ?

En contre-partie, il n'y avait plus de respect pour les anciennes institutions de l'E-
tat. Comme ces institutions tenaient à la
féodalité ; et que par un concert des rois,
des parlemens et du clergé, la féodalité était
devenue un objet d'accusation générale,
tout ce qui reposait sur cette base était
ébranlé ; tout tendait dans l'ordre politique
à des innovations que le goût général de
l'indépendance, les ambitions particulières,
les exemples de l'Angleterre et de l'Amérique favorisaient. Du côté de la religion, il
faut noter en première ligne l'intervention
des prêtres dans les affaires ; ce qui faisait
qu'on avait une assemblée du clergé qui
s'occupait de politique, des cardinaux ministres, des évêques académiciens et philosophes, des conseillers clercs au parlement
et une multitude d'abbés de cour et de salon. Un ensemble ainsi composé devait être
généralement repoussé ; et comme en même
temps le clergé dégradé se réunissait à ce
qui restait de clergé austère, pour imposer

les mêmes rites et réclamer la même obeissance, l'aversion de la haine venait se joindre
à toutes les autres aversions.

Le contraste de cette double situation
mise en mouvement dut enfanter d'autres
contrastes. En effet, les mœurs représentant,
comme je l'ai dit, un certain accord, un certain ensemble d'actes et d'impressions, si cet
accord se rompt dans certaines parties et se
conserve dans d'autres, on aura chez une
nation comme chez un individu le contraste
singulier de la corruption dans quelques
points, et de l'intégrité dans quelques autres. En France, où, par l'effet de la révolution, les anciennes institutions avaient été
brisées, ce qui changea tout-à-coup cette
partie des mœurs qui provient des habitudes, deux ordres de respect furent aussitôt
altérés : celui qu'on porte au rang et celui qui
est dû au ministre du culte. Cette partie de la
révolution une fois déclarée, tout noble, tout
prêtre put être impunément insulté.

Cependant, comme d'un autre côté les
anciennes impressions d'honneur et de délicatesse n'étaient pas effacées, la nouvelle
armée ainsi que la nouvelle nation qui

s'étaient faites, en demeurèrent saisies. On eut ainsi trois résultats remarquables : des actions d'éclat, des crimes d'éclat, peu de crimes obscurs. Tandis que les brigands étaient au palais des rois, ou au palais de la justice, les grandes routes et les maisons privées offraient autant de sûreté que dans l'ancien temps, peut-être plus. Et remarquons bien que chez les nations voisines, que j'ai citées précédemment, c'est l'inverse. Là, où les liens religieux et politiques sont conservés, et où les liens moraux sont dissous, ce ne sont plus le roi, les nobles et les prêtres qui sont systématiquement un objet d'attaque, ce sont les chefs de manufactures, les détenteurs d'argent ou de propriétés. En France, sous la plus épouvantable révolution, les routes, les bois et les cavernes, repaire ordinaire des brigands, étaient des lieux de sûreté ; en Angleterre, au milieu des plus belles lois civiles et politiques, on peut voir près de Londres les routes infestées de voleurs ; ailleurs, des *luddistes* ou des *white boys*. C'est ainsi, qu'aujourd'hui, à Rome et à Naples, pays où il ne manque ni de gendarmes, ni de missionnaires, ni même de jésuites, on peut à peine s'écarter de l'enceinte des villes.

Tel est le caractère particulier de la révolution française. C'est certainement dans l'ordre civil et politique le bouleversement l plus complet qui ait jamais eu lieu parmi les nations. Mais en même temps, comme au milieu des choses visibles qui étaient emportées, la révolution en conservait intactes une multitude qu'on n'apercevait pas, on peut dire, sous certains rapports, en employant le langage ordinaire, qu'elle a renversé la religion et les mœurs; mais cela n'est vrai que sous certains rapports.

En effet, tout en perdant ses institutions sociales, c'est-à-dire les formes visibles et quelquefois usées dans lesquelles son ancien esprit était enfermé, il est de fait que la France n'a pas perdu cet esprit : même aux plus mauvais temps de la révolution, la France, livrée à la tyrannie d'une classe moyenne exaspérée, a conservé les sentimens nobles et délicats des classes élevées qu'elle proscrivait : elle a conservé dans son sein, alors même qu'elles ne pouvaient plus éclore, les semences de délicatesse et d'honneur qu'elle avait reçues des générations précédentes, comme la terre conserve en hiver les semences qui lui ont été confiées en automne. O bienfait de la Providence ! en perdant ses lois, elle a conservé le sentiment de la justice ; en perdant ses institutions honorables, elle a conservé les sentimens d'honneur ; en perdant ses institutions religieuses, elle a conservé le sentiment religieux. Au retour de l'émigration, ce spectacle singulier d'un peuple qui a perdu tout son corps, mais qui a conservé son ame, m'a frappé : je voyais beaucoup de maux : avec eux, je voyais l'espérance.

Aujourd'hui en faisant notre bilan, il sera facile de voir ce que nous avons et ce qui nous manque : ce que nous avons, il faut soigneusement le conserver; ce qui nous manque, il faut soigneusement le recouvrer. A cet égard, *avoir eu* offre une grande facilité pour ravoir. On est étonné avec quelle facilité des mœurs, qui n'ont été qu'effacées ou pliées par les événemens, peuvent se rétablir. Si vous allez à Saint-Domingue, vous y trouvez sous une peau noire des hommes qui rédigent assez bien leurs lois ; vous trouvez de

même un ordre de moralité assez bien en-
tendu, jusqu'à une espèce de droit des gens.
Croirai-je avec M. Wilberforce et avec
M. Grégoire, que tout cela appartient à la
peau noire? Allez visiter leurs semblables en
Afrique !

L'explication de ce phénomène est simple :
c'est que tout ce peuple d'aujourd'hui, à
peau noire, vit sous des mœurs, des lois et
des traditions blanches. Il en fut de même de
la révolution et de l'armée révolutionnaire.
Ce n'est pas moi certainement qui voudrais
me rendre le détracteur de cette armée ;
elle a rempli la France et le monde de sa
gloire : ce que je veux dire seulement, c'est
que dans ses premiers momens n'ayant pas
le temps, en présence de l'ennemi, de se
créer des mœurs nouvelles, elle prit toutes
faites celles qui existaient : un ramassis à
peau blanche s'inocula l'ancien esprit de la
France, comme un autre ramassis à peau
noire s'inocula ses institutions et ses mœurs.

Avec le sentiment qui nous reste de notre
ancien esprit, comme Français, nous nous
attacherons de plus en plus à cet esprit;
nous repousserons en même temps les vices

qui sont venus l'altérer. C'est d'abord le respect pour les rangs, qui, ayant été dissous, n'est pas encore rétabli ; c'est la division et l'incertitude qui règne sur les points politiques les plus importans ; ce sont des institutions qui, faites pour le sommet de l'Etat et n'existant que là, tournent vers ce point d'une manière déplorable toutes les activités, toutes les ambitions, toutes les habitudes, tandis qu'au corps et au centre qui sont abandonnés, il règne un état d'inertie fâcheux.

Rétablir dans l'ordre inférieur les rangs, c'est-à-dire la subordination du maître et du compagnon, du compagnon et de l'apprenti, du maître et du valet, du propriétaire et de l'ouvrier ; relever dans la bourgeoisie des villes la hiérarchie municipale ; dans la noblesse, où tout est aujourd'hui confondu, sa hiérarchie particulière et ses rapports avec la cour ; dans une échelle encore plus élevée, fixer les grades et la subordination qui lui sont nécessaires, c'est ainsi que peu à peu, en faisant cesser le dévergondage et l'arrogance, vous fixerez les respects, et en ce point les mœurs.

Ce n'est pas assez. Les esprits et la divaga

tion des doctrines réclament encore vos soins. Faire cesser par la doctrine l'anarchie qui existe dans le mouvement des esprits, de même que vous faites cesser par les lois l'anarchie dans le mouvement des intérêts, c'est ainsi que vous marcherez au rétablissement des mœurs.

A cet égard, la religion, telle que certaines personnes l'entendent, vous sera non un appui, mais un obstacle. Vous aurez continuellement à combattre ceux qui, pour s'emparer de la domination, vous disent d'abord doucement que la morale fait la société, pour vous dire ensuite plus hardiment que la religion fait la morale. Non, la morale ne fait pas toujours la société ; quelque chose, comme de la société, peut s'établir chez des brigands : même si les hommes venaient à s'abrutir, il pourrait s'établir parmi eux une société, ainsi qu'on le voit chez les animaux. D'un autre côté, en principe rigoureux, on ne peut pas dire que la religion fasse la morale, on peut dire tout au plus qu'elle lui sert de base. Massillon va plus loin, il prétend que c'est le *bon ordre des sociétés qui est la base des vertus chrétiennes*.

*L'observance des lois de l'Etat*, dit-il, *doit préparer les voies à celles de l'Evangile* [1].

Toutefois en écartant la religion d'une place qui ne lui appartient pas et qu'une certaine ambition veut lui faire, il est nécessaire de spécifier et de respecter celle qui lui appartient. Dans une question complexe, où les uns s'égarent par l'impulsion de vues ambitieuses qui sont en eux-mêmes et qu'ils ignorent, où d'autres s'égarent plus sciemment en cherchant à former pour la politique des moyens de domination que la religion réprouve; je dois sans doute attaquer des erreurs qui, en avoisinant la vérité, cherchent à prendre ses couleurs; mais il faut prendre garde de blesser la vérité elle-même; et alors je dois distinguer les effets réels du sentiment religieux lorsqu'il est associé aux mœurs, des effets nuisibles et fâcheux de ce même sentiment, lorsqu'on lui fait produire les mœurs mêmes.

Non, la religion ne fait pas les mœurs, mais d'un côté elle les embellit, d'un autre côté elle les cimente.

[1] Petit-Carême.

Non, ce n'est point en vertu de la religion qu'une mère soigne et allaite ses enfans; ce qu'on veut établir à cet égard est absurde; et cependant la religion qui s'embellira de ce sentiment l'embellira à son tour. Je me contenterai de rappeler le tableau de la belle Jardinière de Raphaël. Dans ce tableau, le sentiment religieux semble ajouter quelque chose d'élevé au sentiment même de la maternité.

Non, ce n'est pas en vertu des préceptes de l'Evangile ou du Décalogue que les hommes distingués portent dans leurs rapports mutuels ce ton d'honnêteté et de douceur qui se remarque chez tous les peuples polis; et pourtant je dirai que le sentiment religieux ne lui est point étranger. J'ai vu dans ma vie bien des curés; certainement, quelques-uns n'étaient pas tout ce qu'ils pouvaient être; mais en voyant à côté d'eux leurs parens, notaires, artisans, laboureurs, combien de fois n'ai-je pas été frappé de ce que les habitudes religieuses donnent d'élévation, même aux manières! Je pourrais encore mieux citer sur ce point les jésuites et Saint-Sulpice; on pourrait croire qu'il y a là de l'intention et de l'apprêt. Mais chez les chartreux, qui n'avaient certainement pas des vues politiques, combien de fois ai-je pu remarquer dans ma jeunesse l'élévation et le caractère distingué de leur hospitalité ! Quelques personnes encore vivantes peuvent se souvenir avec quelle dignité l'abbé trapiste de Sept-Fonds faisait, lors des états de Bourgogne, les honneurs de sa maison à M. le prince de Condé.

Enfin, ce n'est point en vertu des préceptes de l'Evangile ou du Décalogue qu'un honnête homme ne donne point la mort à son ami; et pourtant le sentiment religieux ajoutera encore à sa répugnance naturelle. Avec ce sentiment, il ne se contentera pas d'épargner la vie de son semblable; il lui portera au besoin protection et secours.

A la suite d'une révolution qui, ayant déplacé toutes les anciennes institutions, a déplacé tous les rapports, tous les devoirs, toutes les habitudes, dissous tous les liens, mis en pièces le corps du peuple et jeté partout des individus au lieu de citoyens; dans une situation où chaque individu est

par rapport à un autre individu ce que les
nations sont entre elles, c'est-à-dire obligé
de se régir non par un droit établi, mais
seulement par une sorte de droit des gens,
c'est-à-dire par cette sympathie des consciences, par ce sentiment commun à tous les
hommes, de l'honnête et du malhonnête,
du juste et de l'injuste, c'est ainsi que vous
parviendrez à rétablir dans la nation française cette harmonie pleine qui, faisant ré-
sonner sur le même ton toutes les fibres d'un
peuple, développe au plus haut degré sa
puissance, son patriotisme, son énergie.

# CHAPITRE VIII.

### QUE LE SYSTÈME, OBJET DE L'INCULPATION, TEND A RENVERSER LE TRÔNE ET L'AUTORITÉ ROYALE.

S'IL y a quelque chose qui, en ce moment, soit fait pour embarrasser ma pensée, c'est d'avoir à traiter en public des intérêts d'État que je ne puis éluder, puisque ce sont des intérêts de salut, lorsqu'en même temps, pour toucher ces intérêts d'une manière convenable, je suis obligé de m'approcher du trône, et en quelque sorte de la personne sacrée d'un roi. Homme de la solitude, peu au fait des délicatesses du monde, encore moins des usages des cours, placé entre deux sentimens, l'un de respect, qui me prescrit le silence, l'autre de fidélité, qui me porte à la défense d'un trône que je vois en danger, si je commets quelque faute, qu'elle me soit pardonnée; car en vérité, ma position est difficile, en même temps que ma démarche est nécessaire.

Et d'abord, un fait que je dois rappeler

comme essentiel pour l'objet de ce chapitre, c'est que dans aucun temps l'avéne-
ment d'un roi de France ne s'est annoncé
sous des auspices plus rians. Ce n'est pas
seulement la ville de Paris, c'est la France
tout entière qui a voulu assister à cette
fête : *Et tu vivificabis nos et plebs tua læta-
bitur.* Jamais ces paroles du prophète n'ont
été plus complètement justifiées.

Et d'où viennent ces mouvemens d'allé-
gresse, ces cris de joie qui remuent la
France et qui retentissent dans toute l'Europe ? On a dit quelquefois que la France est
amoureuse de charte et de constitution;
d'autres nous disent qu'elle a en horreur
les nobles et les émigrés ; je puis me demander alors si c'est à cause de quelque
passion bien ardente pour le régime constitutionnel, ou d'une aversion non moins
prononcée à l'égard de ses anciens compa-
gnons d'exil, que se soulèvent ainsi pour le
monarque l'amour et l'enthousiasme.

Point du tout : fidèle avec loyauté à cette
constitution qu'il a jurée une fois et qu'il
va jurer de nouveau, personne ne dit, après
cela, que ce sentiment d'adhésion soit dans

le monarque une passion particulière ; on dit encore moins qu'il ait abandonné ceux qui, dans le malheur, ne l'ont point abandonné. Chaque jour il leur donne des témoignages de bonté ; bientôt il leur en donnera encore. Tout cela est vu, entendu, accepté. Il faut chercher ailleurs le principe de l'enthousiasme que j'aperçois. Je ne sais si je me trompe, mais on avait entendu parler si souvent de rois philosophes, de rois citoyens : on dirait qu'une curiosité amoureuse a transporté la France à l'idée de voir sur le trône un roi CHEVALIER.

Ce roi n'a pas plutôt pris les rênes de l'État : « Qu'est-ce que toutes ces entraves ? dit-il ; qu'est-ce que cette censure ? Ils m'aiment, et ils veulent être libres ; qu'ils le soient ! » C'est précisément ce que le christianisme dit à ses enfans. Le royaume de France est proclamé désormais à toute l'Europe comme un royaume d'amour et de liberté.

Cependant deux ans sont à peine écoulés. J'ai à décrire une autre phase. Quelle est cette apparence nouvelle ? qu'est-ce que ce silence inaccoutumé ? J'ai vu passer avec toute la pompe des cours, le monarque, objet de notre culte. Autrefois, tout se pressait sur son passage ; aujourd'hui sans doute, le fonds de respect et d'affection se conserve. Pourquoi les témoignages ne sont-ils plus aussi vifs ? On a dit : Le silence du peuple est la leçon des rois ; c'est bien ; mais ici, n'y a-t-il que du silence ?

Tandis que je médite cette pensée, je vois passer un convoi funèbre : cent mille citoyens l'accompagnent. Toute la fortune de Paris et celle de la France semblent vouloir se précipiter pour doter sa famille. Quel est l'objet de ces transports ? Est-ce quelque chose comme Malborough à son retour en Angleterre ? Est-ce le maréchal de Villars, après la bataille de Denain ? Non, c'est un simple brave homme de guerre, qui a eu du talent dans les combats et de l'éloquence à la tribune, mais qui pourtant dans ces deux carrières où il a mérité l'estime, n'a jamais figuré que dans une seconde ligne.

Quelque énigme est cachée dans ces démonstrations.

On croit généralement qu'il n'y a que les particuliers qui soient susceptibles de dissimulation et d'hypocrisie ; oh ! que les peu-

ples sont supérieurs en ce genre. Demandez
à tout ce public si singulièrement ému, pourquoi il est ému ; il se gardera de vous le dire.
Je vais répondre pour lui.

Dès que sur quelque point d'intérêt public, un sentiment bien vif, bien sympa-
thique est devenu général, contenu par la
crainte, il peut couver quelque temps, faute
d'issue ; aussitôt que l'issue se présente, il
fait explosion. Que le mouvement en faveur
de M. le général Foy, paré des couleurs du
deuil et de la douleur, ait eu un autre objet,
c'est à quoi il n'y a pas de doute. Il ne faut
plus que rechercher l'objet. Je commencerai
par des exemples.

Louis XIV fut un très-grand roi ; la
France et les nations étrangères lui portè-
rent un grand respect. Si je le considère au
déclin de sa vie, je vois ce respect effacé.
Mourant, il est couvert de malédictions. A
ses funérailles, on a peine à le défendre des
fureurs de Paris.

Louis XV, enfant, n'est rien ; mais dès
qu'il a pris les rênes du gouvernement,
toute la France l'adore. Il est malade à Metz,
c'est la France entière qui l'est avec lui. On

lui donne le titre de bien-aimé avec l'effusion la plus vraie et la plus vive. Actuellement ce même prince, si je le considère dans le cours de sa vie, je ne trouve auprès de lui rien de cette ancienne affection.

Voilà des faits, cherchons les causes.

A l'égard de Louis XIV, est-ce parce qu'il est prince religieux que l'amour des peuples s'éloigne de lui? Saint Louis fut le plus religieux de tous les rois; il fit de grandes actions, il commit même des fautes. Jamais l'amour des Français ne l'abandonna.

A l'égard de Louis XV, est-ce parce qu'il a des maîtresses que l'estime publique lui est refusée? Mais Henri IV a été en ce genre aussi léger qu'il est possible. La France a souri de ses faiblesses; elle ne lui en a point fait un crime.

Ah! c'est que ce qu'on regarde comme les mêmes choses ne sont pas toujours les mêmes choses. Des nuances, légères en apparence, apportent des différences immenses. Saint Louis, courbé sans cesse devant Dieu, sait se relever auprès d'un pape qui s'écarte, et d'évêques qui se fourvoient; Louis XIV, au contraire, plié insensiblement par une femme et par un prêtre, tombe et ne se relève plus.

De son côté, Henri IV joue avec ses faiblesses et ne s'en laisse pas maîtriser; Louis XV se laisse envahir.

J'ai trouvé par cela seul les causes que je cherchais. Qu'un peuple soit libre ou qu'il ne le soit pas, il lui déplaît d'avoir au-devant de lui un chef asservi : les esclaves n'aiment point à obéir à des esclaves.

Pour ce que j'ai à établir dans ce chapitre, j'ai sans doute besoin de ces exemples. Je me hâte de dire, et j'ai peut-être trop tardé, qu'en ce qui concerne le prince qui est sur le trône ils n'ont aucune application.

Certes, ce n'est point à moi à savoir ce qui se passe dans l'intérieur d'un palais. J'ai encore moins à m'occuper de ce qui appartient à la vie privée d'un souverain; et cependant je me permettrai de dire que s'il était vrai que notre bien-aimé monarque eût, comme saint Louis, embrassé la vie dévote, ce serait un événement dont la France n'aurait en aucune manière à s'attrister, mais, bien au contraire, à se glorifier et à se féliciter. Ce serait pour elle, en même temps qu'une garantie de plus pour les sermens faits à ses libertés, une garantie non moins heureuse pour l'accomplissement des devoirs de la royauté.

Sur cela même il se présente une observation importante. Dans un moment où des prêtres imprudens prônent partout en ce genre l'éclat et le bruit, je ne puis me dispenser d'admirer le soin de réserve et de modestie qu'un pieux monarque met à couvrir aux yeux des peuples ce que je regarde comme le premier lustre de sa vie. Charles X s'élevant au-dessus de la vie chrétienne ordinaire, s'est voué à la vie dévote. Si cela est, c'est beau, c'est admirable ; mais qui le sait ?

On se plaint quelquefois du déchaînement qui est montré contre des pratiques particulières de piété. Je ne conteste pas que ce déchaînement ne puisse à la longue avoir des effets fâcheux ; mais qu'il appartienne toujours à une intention impie, c'est ce que je nie. Lorsqu'au lieu d'observer en secret certaines pratiques religieuses, on se met à les prôner avec éclat, et à les proposer à l'imitation comme des titres de gloire, ceux qui ne sont point disposés à cette imitation s'élèveront probablement contre ces merveil-

les. Les abaisser alors, les critiquer, et finalement, si on insiste, les dénigrer, pourra
provenir d'un faux jugement, peut – être
d'un sentiment de jalousie, mais non pas
toujours, comme on le dit, d'un esprit
d'impiété.

Si, ce qui serait très-beau, le Roi a re-
noncé à la vie chrétienne pour embrasser la
vie dévote, n'est-il pas admirable qu'auprès
des simples chrétiens il n'en paraisse rien
dans ses actes ? Ce n'est pas tout ; on sait
combien dans d'autres temps la place de confesseur du roi a eu d'importance. Cette place si
célèbre sous les pères Cotton, les pères La
Chaise, les pères Le Tellier, qui l'occupe
aujourd'hui ? J'entends dire que c'est un
prêtre obscur, un simple habitué de paroisse, un homme que personne ne connaît.

Ce n'est pas en ce seul point que notre
monarque mérite notre admiration et nos
affections. En poursuivant la supposition que
j'ai mentionnée, combien ne lui aura-t-il
pas fallu de bonté et d'amour pour se
produire, comme exemple de condescendance et de sacrifice, dans ces enceintes
qu'on dit être prohibées par la vie chré-

tienne, mais qui le sont certainement par la vie dévote ! Je veux parler des spectacles. J'avoue que ce n'est pas sans quelque souffrance que je cite ici ce trait particulier. Si les spectacles sont, comme le veulent certains prêtres, une chose interdite, aucune raison ne doit engager un prince chrétien à y assister : la raison d'État pas plus qu'une autre. Cette raison d'État, fût-elle réelle autant qu'ici elle est frivole, ce serait le cas de dire ce qu'un de mes plus nobles amis, M. Bergasse, disait à un grand souverain du Nord : *Là où l'éternité parle, le temps doit se taire.* En réalité, il n'y a dans cette occurrence aucune application de la raison d'État; il n'y en a pas davantage des préceptes de la vie chrétienne ; mais je crains qu'il n'y ait une grande infraction à la vie dévote.

Dans cette vie particulière, il ne faut pas oublier que les devoirs étant plus rigoureux, les observances sont plus sévères. Dieu ne demande pas de nous que nous quittions la vie du monde pour venir à lui, il nous a fait expressément pour elle; nous y sommes sous ses lois et sous sa protection; mais si nous la quittons une fois, ce n'est pas sans danger que nous voudrons la reprendre. Abandonner Dieu alors, c'est vouloir qu'il nous abandonne.

Étant à Dresde, et causant avec un seigneur saxon sur la singularité d'un roi catholique gouvernant un peuple luthérien, je lui demandai si la bonté connue du Roi ne le portait pas quelquefois, par condescendance, à retrancher auprès de ses sujets luthériens quelque chose de ses devoirs de catholique; je compris à sa réponse que toute la Saxe luthérienne serait désolée que son roi catholique ne remplît pas dans toute son intégrité ses devoirs catholiques. Dans la supposition où notre monarque eût embrassé la vie dévote, je puis dire de même que la France chrétienne serait désolée que, par condescendance pour elle, il ne remplît pas tous les devoirs qui appartiennent à la vie dévote.

Dans le fait, la présence royale à nos spectacles est la chose du monde la moins nécessaire. Soigner à l'intérieur du palais nos jeux, nos amusemens; veiller à ce qu'il s'y observe de l'ordre et de la décence, voilà tout ce qui convient à une autorité royale et paternelle. Et cependant il m'a

convenu de m'appesantir sur cet exemple,
comme étant une preuve de plus de ce ressort de l'ame, de ce pouvoir de résistance
avec lequel un enfant de saint Louis, à l'imitation de son auguste aïeul, a su se défendre dans ce sujet délicat de l'exagération
des prêtres, auxquels on pourrait le croire
subordonné.

Ce n'est pas en ce point seul. L'ame ferme
du monarque ne se décèle pas moins dans
la doctrine que dans la conduite.

A Dieu ne plaise que je veuille inculper
les intentions d'un prélat aussi recommandable par ses vertus que par ses lumières,
je veux parler de M. l'Archevêque de Paris ;
et cependant je suis obligé de dire que dans
le trait que je vais rapporter il s'est écarté
des convenances autant que de la vérité.
La France a entendu avec stupéfaction un
prélat dire au roi, en face, à l'occasion du
sacre : *Sire, la consécration royale que
Votre Majesté vient de recevoir aura la
double vertu de vous faire régner avec sagesse, et de nous faire obéir avec bonheur:*
ce qui implique qu'avant le sacre les
Français n'obéissaient pas avec bonheur,

et que le Roi ne régnait pas avec sagesse.

Avec autant de justesse que de dignité, le
Roi répond : *M. l'Archevêque, le sacre me
donnera de nouvelles forces.*

Toutes les vérités de la religion sont dans
cette réponse du Roi, toutes les erreurs du
temps dans le discours de M. l'Archevêque.
Les préposés à la religion qui veulent *tout*
faire, ont leur raison pour nous dire que la
religion fait *tout.* Mais comme *celui qui nous
a fait sans nous, ne nous sauvera pas sans
nous*, ce *nous* qui entre dans toutes nos actions, demeure, quoi qu'on fasse, notre apa-
nage. Il compose la liberté de nos consciences, la spontanéité de nos actions, première
prérogative de l'homme.

Après avoir établi que les exemples cités
précédemment ne s'appliquent point à la
conduite particulière du Roi; cependant,
comme je ne les ai cités que parce qu'ils se
rapportent à quelque chose de sa position,
il me reste à montrer sur quelle partie frappe
cette application.

Les peuples auprès de leur souverain
éprouvent toujours dans leur obéissance
deux sortes d'impressions : l'une, du carac-

tère propre de cette obéissance ; l'autre, de ses conséquences. Ils peuvent subir une obéissance qui est dure, pourvu qu'en même temps elle soit noble et qu'elle les conduise à un but qu'ils connaissent et qu'ils affectionnent. Si l'obéissance est honteuse, ou si elle est de nature à faire craindre une déviation plus ou moins prochaine du but qu'elle doit avoir pour objet, eût-elle les formes les plus douces, elle pourra devenir insupportable, occasioner des murmures, bientôt des résistances.

J'attache un grand prix à cette définition de l'obéissance ; je demande à cet égard un peu d'attention.

J'ai déjà cité, plus d'une fois, l'exemple du roi de Saxe, parce que sa situation est toute propre à faire comprendre ma pensée. Le roi de France n'est point comme lui d'une religion différente de la religion de ses sujets, mais il règne sur un pays qui admet la liberté des cultes. Son gouvernement a donc pour règle de ne pas inquiéter cette liberté, comme le roi de Saxe de ne pas inquiéter la croyance luthérienne. Ainsi la religion catholique que professe ce monarque peut avoir donné quelquefois des exemples d'intolérance; mais le monarque, soumis comme chrétien, sait qu'il ne doit pas l'être comme souverain. En ce point, personne ne doute de sa fermeté et de sa loyauté. Cependant, qu'on me permette une supposition.

Roi catholique, il a de nombreux amis catholiques. Peu à peu ces amis catholiques circonviennent sa personne et remplissent sa cour. Peu à peu les grands offices sont donnés à des catholiques. C'est d'abord l'administration des postes, bientôt la police de la capitale, ensuite celle de tout le royaume. A la fin congrégation, moines de toute couleur et de toute espèce, prédication, mission; c'est une invasion générale. A ce spectacle la contrée, qui se voit saisie par ce mouvement nouveau, commence à s'alarmer. Dans le Roi sans doute ce sont les mêmes sentimens; ce n'est pas assez. Comme dans sa position et dans la position des choses autour de lui tout change, l'obéissance s'inquiète; de toutes parts elle murmure.

Telles sont les dispositions de l'obéissance, quand elle a lieu de craindre, de la part de

l'autorité, une déviation du but qu'elle affectionne, et qu'on commence à lui faire
perdre de vue.

J'ai annoncé dans l'obéissance d'autres
dispositions qui proviennent de la honte.
Celles-là ne sont pas moins fâcheuses. Ceci
a besoin d'une explication particulière.

A cet âge délicat, où un petit être qui
n'est plus tout-à-fait enfant, n'est pas encore tout-à-fait jeune homme, si sa gouvernante qui avait l'habitude d'être auprès
de lui, prolonge trop long-temps ses fonctions, l'autorité de celle-ci aura beau être
douce, ses soins bienfaisans, ces soins et
cette autorité pourront devenir importuns.

Qu'y a-t-il de plus obéissant qu'un soldat?
L'autorité qu'il a à subir est quelquefois
dure. Il la subit toutefois parce qu'elle est
noble et qu'elle a un grand objet. Qu'on
fasse venir à la parade des Tuileries pour la
commander, non plus tel ou tel maréchal
de France avec leurs insignes militaires,
mais M. le chancelier de France en simare,
ou M. le premier président de la Cour
royale en robe rouge. Ce n'est pas tout:
qu'un colonel lui-même imagine de venir

un jour en habit bourgeois commander l'exercice à son régiment. Il verra.

Il faut le dire franchement : l'obéissance aujourd'hui en France présente ces deux sortes d'impressions. Avec des formes douces, d'un côté elle semble ne pas conduire au but que tout le monde affectionne ; d'un autre côté, elle se présente avec des formes qui font souffrir. Si la France qui est chrétienne, mais qui ne veut pas être dévote, se trouve sous un roi qu'on dit dévot, circonvenue par des hommes de la vie dévote ; de cette manière elle sera dans la position que j'ai décrite de la Saxe luthérienne, qui, sous un roi catholique, se remplirait d'une prépondérance catholique. Par tout le manége d'aujourd'hui, la liberté des consciences et la spontanéité des actes religieux sont menacées ; la sécurité, relativement à nos libertés civiles et politiques, l'est encore davantage.

Lorsque l'obéissance est ainsi inquiete dans son objet, si la honte vient la flétrir encore par ses accompagnemens, comment pense-t-on qu'elle pourra se supporter ? Qu'on y fasse bien attention ! La France a

18

pu s'accommoder du joug de Louis XIV,
tout entouré qu'il était de Bastilles et de
dragonnades ; ce joug était éclatant de
conquête et de gloire ; de plus, c'était le
prince même et de toute sa hauteur qui
l'imposait.

A une autre époque, lorsque la France
humiliée du joug de quelques hommes de loi,
se décida à passer sous celui d'un homme
de guerre, la dureté de ce nouveau joug,
imposé par une grandeur individuelle, offrit
pour compensation un grand éclat.

Il ne reste plus qu'à faire l'application de
ces exemples. Aujourd'hui le Roi, paré de
toute sa grandeur personnelle, du lustre de
sa race et de celui de la légitimité, veut-
il imposer à la France son propre despo-
tisme !.... je dirai plus ! même le gouvernement féodal qu'elle a en aversion ! Ce sera
difficile, et cependant je ne dirai pas que
cela soit impossible.

D'abord, c'est qu'auprès des princes,
comme auprès des femmes, il y a dans le
*servage* des compensations nobles de dévouement et d'amour. Ensuite, c'est qu'à
l'égard du gouvernement féodal même, il y

a dans ce régime antique, tout inapplicable qu'il est aux temps présens, des parties d'éclat et de grandeur qui offrent une balance. En vérité je ne voudrais pas répondre que le rétablissement dès tournois n'amusât beaucoup tout le peuple de Paris, et que les dames, si le costume antique leur allait bien, ne raffolassent de ce spectacle.

Dans le cas présent ce n'est pas ça. Il n'est question ni de joutes ni de tournois ; il n'est question ni d'éclat ni de gloire ; l'obéissance ne semble pas même appartenir au Roi. Il a beau paraitre seul sur la scène avec les insignes de son autorité, les coulisses sont supposées remplies de prêtres qui dirigent cette autorité.

Ces prêtres peuvent mettre tant qu'ils voudront dans leur conduite ce qu'ils appellent de la prudence ou de l'habileté. Ils pourront s'effacer en apparence, ne jamais agir eux-mêmes, mais seulement faire agir ; on les devinera. On peut juger ce qui se passe au palais par ce qui se passe chaque jour dans nos demeures. Dès qu'un curé a gagné la confiance d'une maîtresse de maison qu'il ne regarde pas comme assez chré-

tienne, aussitôt, si elle est mère de famille, il
en fait une sainte Monique obligée à la conversion d'Augustin ; épouse, il en fait une
Clotilde obligée à la conversion de Clovis.
Si c'est le père de famille dont il a la confiance, il opère par lui d'une manière plus
absolue ; c'est un maître obligé à la conversion de toute sa maison.

Auprès du monarque c'est le même système : selon les prêtres il a l'épée de Constantin, et alors, comme nous l'avons vu, on
lui dit : *Gladium gladio copulemus*. On dira
de même au peuple quand il en sera temps :
« Que ceux qui n'ont pas la foi assez vive
» pour craindre les coups invisibles de notre
» glaive spirituel, tremblent à la vue du
» glaive royal ! »

Tel est dans tous les temps, soit auprès
des rois soit auprès des peuples, l'attitude
des prêtres. Dans cette guerre d'une singulière espèce, la ruse leur est aussi bonne
que la force. S'attribuant tout droit, ils appellent prudence, c'est-à-dire du nom d'une
vertu, le sursis qu'ils veulent bien accorder
à cet égard aux rois et aux peuples. Mais
toujours en vedette pour épier le moment,

ils temporisent quelquefois, ne se désistent jamais.

Ce serait déjà beaucoup de la haine qu'ils font naître de cette manière contre eux, et par reflet contre la religion dont ils sont les ministres; les autorités publiques qui sont ou volontairement ou servilement leurs complices, en éprouvent les effets. L'autorité royale, la grande autorité, ne peut manquer d'en être atteinte.

Les subterfuges à cet égard font peu de chose. Au moyen de la confiance qu'il aura acquise auprès du colonel, l'aumonier zélé d'un régiment pourra obtenir envers les soldats une multitude de règles de dévotion insolites. Il aura beau alors se mettre à l'écart, il sera bientôt deviné; et le colonel et l'aumonier finiront par se partager entre eux la haine qu'ils auront provoquée.

J'avais à expliquer la cause d'une certaine décadence dans la popularité du Roi. Cette cause n'est pas en lui; pour lui tout amour, tout respect, tout honneur; la cause est dans les choses qui l'obsèdent et dans les personnages qui l'entourent.

# CHAPITRE IX.

CONTINUATION DU MÊME SUJET; RÉSULTAT FINAL DE LA
CONDUITE ACTUELLE DES PRÊTRES.

On m'objectera que cette continuité d'in-
criminations relativement à la conduite particulière d'une classe d'hommes généralement respectables, peut établir contre eux
des préventions fâcheuses. Mais si mon accusation se trouve fondée, c'est aux prêtres à
savoir ce qu'ils ont à faire. Toutes les classes
quand elles s'écartent de leur sphère sont
dans le même cas. La noblesse, la magistrature, l'armée, la bourgeoisie, le commerce,
ont reçu souvent de semblables inculpations
qu'elles ont supportées. Quand ces classes,
au lieu de conserver leurs nuances propres
se mettent à les confondre, elles deviennent
par cela seul l'occasion d'une multitude de
comparaisons injurieuses. Si un jour, mo-
raliste comme La Bruyère, ou poëte sati-
rique comme Boileau, je me mets à m'élever
contre les manières soldatesques que pourraient prendre certains magistrats; un autre

jour, contre le ton pédant et magistral que pourraient prendre certains militaires; un autre jour, contre le ton efféminé de certains jeunes gens; un autre jour enfin, contre le ton cavalier de certaines dames : cela signifierait-il que j'ai voulu insulter l'armée, la magistrature, tout le beau sexe?

Il en est de même des prêtres. Lorsque voués, comme ils doivent l'être, à la pénitence et à la prière, ils exercent dans les églises leur ministère de charité et de sainteté, ils ont mon obéissance et ma vénération. Portés comme aujourd'hui dans les académies, dans les colléges, dans les conseils-d'Etat, dans les corps politiques, est-ce ma faute s'ils y sont déplacés? De jeunes élèves en chimie et en médecine se sont pris à rire, lorsqu'ils ont vu arriver dans leurs amphithéâtres des ecclésiastiques en soutane; ils auraient bien plus ri, s'ils y étaient venus en surplis. Monseigneur, vous venez de quitter la chaire de vérité; vous nous y avez prêché les vérités les plus austères; actuellement vous voilà dans le salon des ministres, jouant avec votre croix d'or, donnant la main aux dames : comme c'est gracieux! comme c'est joli! Fi donc!

Cette douleur qui provient en moi d'un sentiment profondément blessé, vous ne voulez pas croire que ce soit du respect, vous voulez croire que c'est du dénigrement : je ne sais qu'y faire.

Malheureusement cette immersion du prêtre dans les choses du monde, dans ses misères, dans ses futilités, outre qu'elle a pour effet d'abaisser son caractère, et par-là même de diminuer envers lui et envers la religion le respect si nécessaire des peuples, a encore celui de troubler l'Etat, d'y mettre sans cesse en contact, et par conséquent aux prises, des autorités qui, pour être paisibles, doivent le moins possible se toucher et se rencontrer.

Excepté dans certaines grandes occasions, il est remarquable que les papes et les ultramontains habiles n'aiment point qu'on fasse trop de parade de la suprématie pontificale. Ils ont peur d'effrayer de cette manière la puissance temporelle qu'ils veulent saisir, et qu'alors elle se laisse plus difficilement approcher. Une fois saisie, c'est autre chose. En ce moment, les ultramontains s'agitent de toutes parts pour adoucir autant qu'ils peuvent auprès du monarque le sens de leur doctrine. Vains efforts ! On a beau, avec toutes les tergiversations possibles, voiler la supériorité de la puissance spirituelle ; cette supériorité est d'une telle évidence que malgré l'artifice qu'on peut employer, il en résulte une dégradation du sacerdoce, si se mêlant aux choses du monde, il ne sait pas y conserver sa hauteur; ou une dégradation de l'autorité, si elle consent à perdre la sienne.

Que les nuances à cet égard soient plus ou moins mitigées; que les formes du respect envers le trône soient plus ou moins observées; elles l'étaient aussi lorsque, sous la première race, parvenus de degrés en degrés jusqu'à la puissance souveraine, les maires du palais se prosternaient chaque jour aux pieds de nos rois qu'ils détrônaient. Que signifie le respect qu'on affecte de même aujourd'hui pour le monarque, si ce respect au lieu de profiter à la puissance, n'est qu'un artifice de plus pour l'endormir et pour l'envahir?

Lorsque la fidélité, qui aperçoit cette manœuvre, recueille toutes ses forces pour en repousser les effets; si, d'un autre côté, tournant ses regards vers la royauté et vers ses serviteurs, elle y trouve, non des appuis, mais des obstacles; non des hommes armés

contre ce mouvement, mais au contraire des
affidés et des complices ; quelle espérance
peut-il lui rester ?

Je crois avoir déjà fait l'observation
suivante. Il me convient de la répéter.

Dans le délabrement de l'empire romain,
dévasté par les peuples du Nord, lorsque les
empereurs établis à Constantinople n'avaient
plus à l'égard de Rome aucun moyen de
protection, que les peuples se soient réfugiés
sous l'autorité la seule respectée, celle des
pontifes ; qu'il soit résulté peu à peu de ces
nouveaux rapports, et bientôt de la situation
de l'Europe un nouvel empire, une nouvelle
domination, il n'y a rien suivant moi à
imputer aux papes ; ils ont été des bienfaiteurs
et des sauveurs.

Relativement aux premiers temps de la
France, lorsque par l'effet des guerres et des
dévastations de tout genre, et même dans
des temps postérieurs, lorsque par l'effet du
mouvement des croisades, il n'y a plus eu
dans notre patrie d'autres personnages instruits que des clercs ; que ces clercs soient
entrés dans tous les offices, qu'ils se soient
emparés ainsi d'une grande partie de la

domination civile , je les remercie au lieu de
les accuser.

En ce moment même , je pourrais dire la
même chose à l'égard d'une grande partie du
clergé. A la suite d'une révolution qui a
tout bouleversé, que dans cet espace vide
de nos anciennes institutions, le clergé ait
cherché et cherche encore à occuper un
grand espace; c'est à la société, si elle est
ce qu'elle doit être ; c'est au gouvernement,
s'il a un peu de prévoyance, à faire ce qui
est convenable. Le prêtre, lui, qui avant
tout n'a à s'occuper que du salut des ames,
fera tout ce qui est en son pouvoir pour
agrandir et étendre ses moyens.

Dans une affaire de sépulture , sous
Louis XVIII, on porte plainte au gouvernement contre le curé qui refuse d'ouvrir son
église; le gouvernement ordonne , et le curé
obéit. Récemment on s'adresse pour un cas
semblable au gouvernement qui déclare n'a-
voir aucune autorité.

Sous l'ancien régime, avec nos lois et la
jurisprudence établie , un curé qui se serait
permis de refuser la communion à la Sainte-
Table eût été poursuivi juridiquement. Aujourd'hui les cours sont muettes, le gouver-

nement tolère les abus ou les protége, les
journaux qui sont à sa disposition les pré-
conisent : c'est à merveille !

Dans ce cas, ce n'est certainement pas le
prêtre que j'ai à accuser, ce n'est pas lui qui
ira s'occuper du droit des citoyens. « Je me
mets peu en peine, nous dira-t-il, de vos
droits ou de vos attributions temporelles.
Ma mission à moi, est l'Eternité. Si en exer-
çant telle ou telle rigueur, en jetant dans la
société telle ou telle crainte, je parviens à
intimider le pécheur, à encourager le juste,
à diminuer les délits, j'ai rempli ma mission ;
homme de l'Eternité, je ferai tout ce que les
hommes du temps me laisseront faire ! »
Voilà ce que dira le prêtre ; et ce sera un bon
prêtre.

Cette excuse du prêtre qui me paraît tout-
à-fait acceptable, ne l'est point envers les
serviteurs de la royauté. Il faut le dire franchement ; ce sont les vrais coupables.

J'ai parlé précédemment des faveurs accordées par Louis XVIII à un prélat qui
avait été improuvé par la Chambre des pairs ;
j'ai cité aussi les grâces et les faveurs con-
férées à un autre prélat à la suite de deux
inculpations graves. Il y a des personnes

pour lesquelles ces circonstances sont peu
de chose. Je les prie de porter leurs regards
sur le faîte de l'hôtel de la Marine : il y a là
une machine en apparence matérielle, qui,
en remuant ses membres d'une certaine manière, exprime d'un bout de la France à l'autre
les pensées et les volontés du gouvernement.

Les grâces du prince, ses sourires, ses faveurs rapportées par le Moniteur, ont pour
toute la France la même expression et le
même effet.

Sans doute on a pour se rassurer, la sagesse
actuelle du monarque, les dispositions connues de tout ce qui lui appartient, et encore
si on veut la majorité établie des deux assemblées ; je dirai plus, on peut se fier aux
sentimens connus de certains personnages du
temps ; encore qu'ils soient imprégnés de
dispositions fâcheuses, ils sont en même
temps pénétrés de fidélité envers le Roi.
Dans des temps à venir, cette fidélité aura-
t-elle la même énergie ? Les Bonald, les
Marcellus, les Lamennais de la génération
qui va suivre ressembleront-ils tout-à-fait
a ceux d'aujourd'hui ? Du côté du prince,
la volonté présente est ferme. Sous un autre
règne, si la vieillesse qui a affaibli la grandeur

de Louis XIV venait à affaiblir une autre
grandeur, que deviendrions-nous?

J'ai montré ailleurs comment le soldat
valeureux, qui fut mis à la tête de la France,
pouvait de notre fonds antique faire ressortir
de nouvelles formes. Aux premiers momens
de la restauration, pourquoi cette œuvre
manquée n'a-t-elle pas été reprise? elle ne l'a
pas été du tout. N'apercevant partout que
des ruines, le pouvoir s'est précipité vers la
religion et le clergé qui lui ont paru sa seule
ressource. Il n'a pas fait attention qu'à cette
époque les institutions religieuses, quoique
rétablies dans les vues de l'usurpation,
étaient rétablies pourtant. Quelques amen-
demens étaient nécessaires sans doute; du
reste, au milieu du néant dont on était entouré, c'étaient les institutions religieuses
qui pressaient le moins. Point du tout; c'est
de ce côté que toutes les forces se sont tour-
nées : l'arbre a porté son fruit.

Je peux l'avoir déjà dit, je le répéterai
encore : dans le mouvement d'un grand
Etat, où la puissance temporelle, protectrice
de tous les intérêts, a à protéger nos intérêts
religieux par-dessus tous les autres, il est
inévitable que le monarque n'appelle quel-

quelois auprès de lui les princes de la vie spirituelle. La cour des pairs en Angleterre fait entrer de même momentanément dans son enceinte un certain nombre de grands juges qui l'éclairent sur les formes du droit; mais ce n'est que momentanément; elle se garde bien de les constituer auprès d'elle en office permanent, et d'en faire une puissance.

Que dans les choses ecclésiastiques, des ecclésiastiques aient besoin de conférer entre eux sur des règles à établir; que le prince de son côté appelle dans les mêmes circonstances des prélats auprès de lui, c'est ce que personne ne veut contester : le tout, sauf à soumettre ces règles ecclésiastiques, pour leur exécution, à la puissance publique, et à leur faire subir dans les grands conseils d'Etat préposés à ces sortes d'affaires, l'examen qui est nécessaire.

On croit n'avoir à prendre de précautions que contre ce qui est méprisable, contre ce qui est odieux. Au contraire c'est contre ce qui est aimable et honorable. Avec les grâces dont elles sont ornées et le respect qu'on leur porte, si les femmes prennent quelquefois trop d'influence; si elles parviennent

à s'emparer de la vie civile, au point que
des ambassadeurs écriront dans leurs dépêches : « Je puis me débarrasser des
» affaires, je ne sais comment me débar-
» rasser des femmes; » à plus forte raison
pourra-t-on arriver à ce point, que les princes
et les ministres ne sauront plus comment
se débarrasser des prêtres.

Si vous n'avez pas de religion, les
prêtres ne vous seront certainement pas
un obstacle : mais si vous êtes religieux,
comment refuser quelque chose à des hommes qui disposent non pas d'un bonheur
passager ici-bas, mais de tous les biens
d'une autre vie ? c'est précisément ce qu'un
souverain disait à un saint pape : *Que puis-
je refuser à vous à qui, par Dieu, je dois
tout ?* ( *Nihil negare possum cui per Deum
omnia debeo.*)

C'est ainsi que les rois, les princes et les
magistrats qui, au milieu des orages du
monde, ont cru faire beaucoup pour leur
vertu en résistant à la séduction des femmes,
peuvent finir par tomber et par faire tomber
tout ce qui leur appartient dans la séduction
des prêtres

# QUATRIÈME PARTIE.

## DES MOYENS

### QUI EXISTENT DANS NOS LOIS ANCIENNES ET DANS NOS LOIS NOUVELLES POUR COMBATTRE LE SYSTÈME ET LE RÉPRIMER.

## CHAPITRE PREMIER.

### CORPS DU DÉLIT ET CARACTÈRES DU DÉLIT.

Dans une cause aussi grave que celle qui est l'objet de cet écrit, j'avais à établir avant tout les points de fait, d'où sortent comme d'autant de sources les dangers que je signale. On a vu ainsi, 1° l'existence d'une congrégation dont le système tantôt religieux, tantôt politique, tantôt mélangé de ces deux caractères, quelquefois mystérieux, quel—

quefois à découvert, quelquefois s'enfonçant dans les ténèbres, quelquefois se montrant au grand jour, a fini par embrasser la France entière, ou au moins s'est étendu comme un réseau sur tous les corps, sur toutes les combinaisons, sur tous les mouvemens qu'elle cherche à envelopper.

On a vu, 2° l'existence d'une société monastique instituée, selon les uns, pour prévenir ou pour abattre le protestantisme qu'elle n'a ni prévenu, ni abattu; selon les autres, pour prévenir ou pour abattre, par l'éducation, un système philosophique irréligieux qui, au contraire, est sorti de ses écoles et de son sein; société réprouvée à sa naissance par la Sorbonne qui, après avoir examiné ses statuts, l'a déclarée *plus faite pour la destruction que pour l'édification* ( *magis ad destructionem quàm ad œdificationem*); société fléau de la France et de l'Europe pendant plusieurs siècles, par sa doctrine, par ses intrigues, par ses attentats; et que tous les souverains et tous les magistrats à la fois se sont réunis pour exclure des États policés.

On a vu, 3° l'existence d'une secte ouvertement séditieuse et félonne, occupée de transporter, par tous les moyens de doctrine qui sont en son pouvoir, à un souverain étranger établi par-delà les monts, d'où elle a été appelée *ultramontaine*, tout ou partie des droits de souveraineté acquis à Sa Majesté Charles X notre bon roi, ainsi qu'à ses successeurs.

On a vu, 4° l'existence d'un système fortement ourdi et opiniâtrement poursuivi par une partie considérable du clergé, à l'effet de revendiquer tantôt contre l'autorité royale, tantôt contre nos libertés sociales, une domination qui ne lui appartient en aucune manière. Médiateur entre Dieu et nous, lorsque notre amour vient lui apporter dans le temple notre culte et nos respects, médiateur encore entre Dieu et nous, lorsque notre douleur vient lui apporter notre repentir et nos misères, le prêtre s'attriste de ce double ministère qui lui paraît petit et insuffisant; il prétend au domaine de la jeunesse par l'éducation, et à celui du reste de la société par toutes les règles qu'il lui conviendra d'établir : il ne lui suffit pas d'être appelé comme ange de bénédiction aux baptêmes,

aux mariages, aux sépultures, il prétend
en être l'ordonnateur et l'arbitre.

Le système qui paraît épouvantable considéré dans chacune de ses parties prises à
part, et qui, considéré dans son ensemble,
devient plus épouvantable encore, on le défend avec habileté par plusieurs considérations religieuses ; on le défend aussi par
diverses considérations politiques. Il a fallu
examiner attentivement et impartialement
les unes et les autres, à la fin il a été impossible de ne pas voir que le plan de défense est aussi faux que le plan de conduite ; que ce plan adapté à l'état particulier
social qui s'est formé par la révolution, et
qui s'est conservé jusqu'à nos jours, aggrave
les vices de cet état, au lieu de les adoucir ;
que l'invasion actuelle des prêtres dans le
vide actuel de notre constitution civile
présentée comme un bienfait, est un fléau
qui dénature tout à la fois et l'ordre social
et l'ordre religieux ; l'ordre social, en ce qu'il
doit être régi par des lois sociales ; l'ordre
religieux, en ce qu'il périt au moment où
s'attachant à la terre il se sépare du ciel
auquel il est destiné.

Par ces considérations, j'ai dû entrer plus que je n'aurais voulu dans l'examen du caractère du christianisme et de celui de son sacerdoce ; j'ai pu, avec plus de liberté, traiter les rapports de la religion avec la morale, de la morale avec la société. Alors j'ai été amené à montrer comment par son alliance forcée avec une puissance d'une nature supérieure, l'autorité royale se trouvait d'un cô ternie et abaissée ; d'un autre côté comment l'obéissance, altérée dans ses principes, pouvait se trouver affaiblie. J'ai montré comment les peuples qui supportent un joug dur et glorieux peuvent s'impatienter d'un joug qui aurait de la douceur, lorsque ce joug présente quelque chose de honteux.

Ce que j'ai établi à cet égard par la théorie, je l'ai justifié par les faits. J'ai cité l'exemple actuel du meilleur des rois, de celui qui d'un côté a donné aux Français le plus de gages de sa bonté et de sa loyauté, qui d'un autre côté a donné le plus de preuves d'un caractère élevé, résistant et ferme, et qui cependant, en cela seul qu'on le voit circonvenu de tous côtés par des moines, par des prêtres, ainsi que par les hommes

de la vie dévote, attriste toute la France
chrétienne, qui ne veut être que chrétienne,
attriste aussi la France politique, qui veut
conserver son régime constitutionnel, et
qui, avec une garde de jésuites, de congréganistes et d'ultramontanistes, s'obstine à
croire sa Charte et sa liberté en danger.

En point de raisonnement comme en point
de fait, si j'ai réussi à mettre en évidence
l'ensemble de cette situation, j'espère avoir
fait partager aux jurisconsultes que j'invoque, une partie de mon effroi; et alors je
pourrais leur paraître excusable de chercher dans leurs lumières, ainsi que dans les
lois et auprès des magistrats de mon pays,
quelques secours en faveur de la religion
qui va périr, de la société qui va être bou-
leversée, de la monarchie qui va crouler.
Les artisans de ces calamités auront beau se
prévaloir contre moi de leurs vertus, de leurs
lumières, de leurs intentions; par eux, le roi,
la religion et la société sont en danger. C'est
assez pour que je m'oppose à leurs trames.

Je me sers du mot *trame;* je puis employer de même celui de *conspiration*, laquelle n'est autre chose qu'une aspiration

concertée de la part d'un certain nombre
d'individus pour arriver à un but.

Ces trames ou cette conspiration, en cela
seul qu'elles tendent à un objet final pernicieux, doivent attirer l'attention des magistrats et exciter leur répression, quand même
elles emploieraient pour parvenir à leur fin
des moyens licites. C'est ici un des premiers
points de l'accusation. Si on croit que les
congrégations, l'institution des jésuites, la
doctrine de l'ultramontanisme, les prétentions des prêtres, sont des choses admises
par les lois, elles n'en seraient pas moins
accusables, comme devant avoir des conséquences funestes. Il est défendu d'aller au
mal par quelque route que ce soit.

Dans ce cas, cependant, tout dépend de
la manifestation plus ou moins évidente,
plus ou moins établie de l'objet final que présentent des démarches licites; ce qui peut occasioner des dénégations et des contestations.

Dans l'espèce présente, on ne peut avoir
recours à ce subterfuge, et c'est ici le
second point de l'accusation. Les moyens
qu'emploie le système ne sont pas moins
illicites que leur objet. L'accusation a alors

à frapper dans les moyens comme dans le but.

A ce mot de trame et de conspiration, imputations faites aux personnes les plus respectables, les plus religieuses, les plus fidèles, on s'étonne, et on a droit de s'étonner ; c'est faute de faire attention aux caractères divers qui appartiennent aux choses de ce genre.

Quelquefois les conspirations sont tramées dans un esprit de haine ouverte ; c'est le prince que les conspirateurs veulent franchement détrôner ou assassiner : le sénat se remplit alors de poignards cachés sous les toges. Quelquefois les conspirations sont prises dans un esprit de haine prudente et dissimulée ; enfin, elles peuvent l'être dans un esprit de zèle et d'aveuglement. Certes, pendant trois ans, ni l'Assemblée constituante, ni les jacobins de la rue Saint-Honoré, ni leurs nombreux affiliés, n'ont dit qu'ils voulaient détrôner ou assassiner Louis XVI. Au contraire, ils n'ont cessé de publier (et le plus grand nombre l'a pensé) que par leurs œuvres, le trône serait de plus en plus consolidé. Des hommes respectables

de ce temps auraient pu me dire alors :
« Monsieur l'accusateur, à qui en voulez-
» vous ? Dans votre liste des conjurés, nous
» trouvons un prince du sang poussé par
» tous les sentimens de son éducation et de
» sa naissance, à être le soutien du trône ;
» nous trouvons deux archevêques, dont
» l'un, occupé toute sa vie à combattre
» l'incrédulité, n'a cessé d'être un mo-
» dèle de piété et de vertu, dont l'autre,
» d'un esprit élevé, n'a cessé de se rendre
» recommandable par son honnèteté et par
» sa fidélité ; nous trouvons de grands per-
» sonnages qui appartiennent au service du
» prince et qui sont habituellement dans sa
» familiarité ; nous trouvons l'avocat le plus
» célèbre du clergé qui, pendant toute sa
» vie, a été occupé de ses intérêts, et qui
» tout récemment encore a pris solennelle-
» ment sa défense ; enfin, nous y voyons
» l'illustre, le bon, le vertueux Bailly. Al-
» lons, Monsieur l'accusateur, faites-nous
» grâce de votre accusation. »

Je n'ai sûrement pas besoin aujourd'hui
de répondre à ces allégations. Il me suffit
d'en tirer la conséquence suivante : c'est

que des conspirations, qui, dans peu, vont se trouver régicides dans leurs effets, ont pu originairement être innocentes : que sais-je? peut-être même vertueuses dans l'intention de leurs auteurs.

Aujourd'hui, comme en 1789, la trame qui existe présente une perspective funeste; aujourd'hui comme alors elle tient des voies détournées et prohibées par les lois. Aujourd'hui comme alors il faut l'attaquer.

Cependant comment l'attaquer?

# CHAPITRE II.

DE L'ACTION DES LOIS ET DES MAGISTRATS RELATIVEMENT
AU SYSTÈME.

Un noble et célèbre pélerin, traversant les déserts de la Laconie, se met tout-à-coup à crier : Léonidas ! Léonidas ne lui répond pas ; il est enseveli depuis des siècles dans la poussière avec les lois et les libertés de son pays ; et moi aussi pélerin dans la vie, je veux appeler dans mon désert les vieilles lois de ma patrie ; qui me dira où elles sont, et si elles peuvent encore me répondre !

Si je tourne mes recherches vers nos anciens monumens, les *fleaux* que je signale ne me paraissent point une nouveauté qui aurait échappé à la prévoyance législative ; dans d'autres temps la sagesse publique a, à cet égard, pris des précautions. D'anciens arrêts du parlement, et notamment un arrêt de 1760, se rapportant aux conciles et aux anciennes

lois du royaume, ont supprimé les congrégations; en 1763, un autre arrêt du parlement
de Paris, suivi de plusieurs arrêts des autres
parlemens du royaume, sanctionnés par une
ordonnance du roi, a supprimé l'ordre et
l'institution des Jésuites. Un grand nombre
d'autres arrêts, édits et ordonnances ont prescrit l'enseignement des quatre articles de la
Déclaration du Clergé de 1682; une multitude d'autres arrêts, dans la question des
mariages, des baptêmes, des sépultures et
de l'administration des sacremens, sont consignés de même dans les anciens recueils
des lois civiles et canoniques. Il semble dès-
lors qu'il ne peut plus y avoir rien de douteux, relativement aux infractions que j'accuse, et qu'il n'y a plus qu'à énoncer les lois
et dénoncer les infractions. Pas du tout, d'un
côté on me dit que toutes ces lois sont péri-
mées; d'un autre côté, que les Cours royales,
telles qu'elles sont aujourd'hui composées,
sont incompétentes pour les appliquer.

Relativement aux lois, elles sont sans doute,
ainsi que toutes les institutions des hommes,
susceptibles de vicissitudes. Des lois anciennes
peuvent être abrogées par des lois nouvelles.

Elles peuvent aussi tomber en désuétude ; en
est-il ainsi des lois que j'ai mentionnées ? ce
ne pourrait être que par l'effet des événemens
révolutionnaires et des décrets de l'Assemblée
constituante, ou par l'effet de quelques lois
impériales et des sénatus-consultes orga-
niques ; enfin en vertu de quelques dispositions émanées de la restauration et de la
Charte. Je cherche avec soin dans ces divers
monumens ; non-seulement je n'y trouve
aucune dérogation aux lois dont il s'agit ; en
certaines circonstances j'y trouve leur confirmation. D'un côté j'ai sur ma table un décret impérial du 28 février 1810 qui prescrit
l'enseignement des quatre articles, et qui en ce
point se réfère à l'ordonnance de Louis XIV ;
d'un autre côté, j'ai le réquisitoire de M. Jac-
quinot de Pampelune et le jugement du
tribunal qui s'est ensuivi. A une pratique
constante, sous le gouvernement de Bonaparte, se joint la même observance sous la
restauration. Dans aucun temps un ordre
monastique nouveau, une congrégation,
une corporation nouvelle n'a pu s'établir en France sans le consentement du
souverain ; à plus forte raison un ordre

monastique ancien frappé de réprobation.

Relativement aux Cours royales, je n'ai point à contester qu'elles ne soient dans une position différente de celle des anciens parlemens. Elles n'ont comme ceux-ci ni droit de remontrance, ni la faculté des arrêts de réglement. N'ayant reçu aucun droit de concours à la législation, elles ne peuvent s'immiscer dans des polices nouvelles, mais dans tous les points où la législation est consacrée et où les polices sont établies, peut-on dire qu'elles n'ont aucun droit de les faire observer? Sous prétexte que leurs vacations s'exercent le plus ordinairement sur des contentions individuelles ou sur des délits privés, peut-on dire qu'elles sont étrangères à tout délit public? Dans quelques cas qui sont déterminés, elles peuvent n'avoir pas à s'occuper des actes des corps constitués; mais les aggrégats d'individus qui prennent le nom de jésuites, sont-ils des corps, ont-ils une existence légale? non certes; les infractions que ces individus commettent contre les anciennes lois rentrent dès-lors dans la catégorie des délits individuels.

Il me semble en ce moment que je puis me

dispenser de discuter cette question. La
Cour royale de Paris a prononcé dans deux
arrêts célèbres, non-seulement qu'il y avait
en ce genre des lois et des délits, mais encore
elle a été sur le point de prendre l'initiative
relativement à l'écrit ultramontain de
M. Wurts qui avait été produit dans les débats. D'après cela, il semble que non-seulement dans cette affaire, mais dans toute
affaire semblable, on peut espérer une solution.

Pas du tout. Dans l'affaire dont il s'agit,
les magistrats ont eu beau prononcer; après
l'arrêt comme auparavant, les lois, les délits,
les délinquans, les magistrats restent paisi-
blement en présence les uns des autres. Si
pour tous les autres délits il en était de
même, on pourrait dire que c'est l'âge d'or
du crime. Une anarchie scandaleuse est ainsi
mise à découvert; de toutes parts, des intérêts vifs de famille sont excités; tout souf-
fre, tout est en mouvement, à l'exception
du gouvernement et des magistrats qui sont
immobiles et impassibles.

Veut-on quelques exemples du trouble
qui peut s'élever à ce sujet dans les familles?

Je suppose que mon fils se présente à moi pour me demander la permission d'entrer dans ce carbonarisme religieux, qui a autrefois enseigné le régicide, et qu'on nous présente aujourd'hui comme le meilleur appui des rois. que lui répondrai-je? Et si un autre de mes fils me révèle que dans le séminaire où il fait ses études, on a supprimé l'enseignement des quatre articles de 1682; s'il me dit que de peur de déplaire au pape, on a résolu de laisser dans le doute, et comme question de controverse, la doctrine des droits du pape sur le trône de Charles X; moi, Français, moi, royaliste, laisserai-je mon fils dans une telle école? Non, certes. Mais alors que deviendra la vocation ecclésiastique à laquelle Dieu l'a appelé?

J'ai cité les jésuites, ma pensée est certainement que c'est une institution odieuse, abominable. Je parle à cet égard le langage des lois qui l'ont proscrite. Cependant à l'engouement dont cette institution est l'objet, il peut arriver à la pensée d'un citoyen que c'est une institution recommandable; et alors il a le droit de demander pourquoi des lois respectables, des lois terribles in-

terdisent de s'y associer. Singulière situation que celle où le corps des citoyens se
trouve placé comme dans un piége, entre
les préceptes et les exemples, et où la fidélité au Roi et aux lois, ébranlée dans ses
premiers principes, risque de perdre, non-
seulement l'honneur qui lui appartient
comme fidélité, mais encore en quelques cas,
de subir le blâme public !

Une situation semblable peut-elle se conserver ?

# CHAPITRE III.

S'il ne s'agissait dans l'occurrence actuelle que de ces délits qui troublent légèrement la surface des sociétés, pâture des contentions ordinaires, je pourrais délibérer avec moi jusqu'à quel point il me convient de les ignorer ou de les dénoncer. Mais si, comme je l'ai établi précédemment, il résulte des délits que j'ai exposés un danger imminent pour le Roi, pour la religion et pour la société; si, comme je l'ai montré, ces délits tendent à établir une domination nouvelle dans la domination, à flétrir la religion, à abaisser et à dégrader les droits du trône; s'ils recèlent ainsi une conspiration flagrante et un attentat à la majesté royale, je n'ai plus à hésiter.

Par l'instigation des congrégations jacobines et de leurs affiliés, on sait comment

des opinions populaires, d'abord assez mo-
dérées, ont fini par devenir monstrueuses. A
l'aide des congrégations nouvelles et de leurs
affiliations de toute espèce, peut-on deviner
à quel point parviendra à se dépraver l'ancienne et admirable opinion royaliste? Hélas!
des millions de Français fidèles n'ont pu préserver Louis XVI du sort de Charles Iᵉʳ, tant
était forte alors l'impulsion donnée aux opinions populaires; avec celle qui est donnée aujourd'hui aux opinions religieuses, des millions de Français fidèles parviendront-ils à préserver la France des événemens de Jacques II?
Je l'espère, encore que la dépravation placée autrefois dans des classes et des passions
subalternes ait gagné et les classes les plus
élevées et les sentimens les plus nobles : ce
qui à mes yeux en aggrave le caractère, selon l'axiome : *Corruptio optimi pessima*.

Pour un si grand mal, la liberté de la
presse, le droit de pétition, ressource qu'on
laisse communément aux citoyens, paraissent
des moyens bien faibles.

Dans l'état habituel de la société, la liberté
de la presse peut être un droit précieux. La
parole de l'homme ne s'élève pas seulement

alors pour faire du bruit; elle se répand comme une semence féconde, et va porter au loin ses fleurs et ses fruits. Mais dans les grandes crises des Etats, dans la pressure qu'elles établissent, avec la crainte et la servitude générale qui en ressortent, que peut faire la parole, si ce n'est de divaguer un moment dans les airs, comme la feuille de l'automne pour retomber ensuite morte sur la terre ?

On peut en dire autant du droit de pétition. Dans d'autres temps je ne douterais pas de l'effet de mes plaintes ; je les porterais avec confiance aux mandataires de ma patrie. Dans celui-ci, où un art infernal est parvenu à circonvenir la pensée publique, lorsqu'une ténébreuse habileté dirigée par des hommes qui sont au plus haut de l'Etat est parvenue à amortir le scandale qui ressort des opinions qu'ils mettent en lumière ; qu'ai-je à espérer dans les deux assemblées d'une démarche qui rencontrera contre elle, en bataillons serrés, des volontés décidées, des volontés fortes, et qui n'aura pour elle, en rangs lâches et désunis, que des volontés incertaines et des volontés faibles !

Sous tous les rapports, encore que le droit de pétition soit un don précieux de la Charte, et qu'au temps présent même il puisse offrir éventuellement quelques secours, cependant, relativement au mal qui existe, c'est un remède insuffisant : qui sait ! il pourrait être jugé même un moyen à contre-temps. Il est de principe qu'il ne doit être employé qu'après avoir épuisé les moyens juridiques.

Reste à examiner l'action qui peut compéter à un citoyen.

A Rome, tout citoyen était admis à rendre plainte d'un délit public. En France, encore que nous ayons emprunté des Romains une partie de notre législation, l'action civique a été restreinte ; ce n'est point en négligence de nos intérêts sociaux. « La partie publique, » dit Montesquieu, veille pour les citoyens ; » elle agit, et ils sont tranquilles. » A cet égard il y a une observation à faire.

Au temps où Montesquieu écrivait, la partie publique placée auprès des magistrats était une magistrature, c'était un office ; aujourd'hui c'est une commission. De cette manière, encore que l'honneur soit dans toutes les professions, et surtout dans celle des magistrats un grand préservatif, il n'y a plus pour la société la même sécurité. En effet, si un délit placé non comme d'ordinaire dans le centre du corps social, mais à ses plus hautes sommités, se trouve avoir pour fauteurs de grands personnages de l'État, que pourra faire avec le nom pompeux de procureur-général un simple commissaire dépendant ?

Au surplus, ce n'est pas moi seulement qui accuse ici la législation, on va la voir s'accuser elle-même. Peu de temps s'est écoulé depuis son origine, que reconnaissant la défectuosité de ses premières dispositions, une loi du 20 avril 1810 a attribué par son article 11 aux cours royales le droit, pour chacun de ses membres, de provoquer la réunion des chambres, de dénoncer les délits publics, et de mander dans leur sein le procureur-général.

Il y a eu ainsi quelque réparation apportée à la constitution défectueuse du ministère public. Je ne sais si par cela même il n'y a pas, au moins quant au droit de dénonciation, quelque innovation dans la capacité juridique du citoyen. Il est d'autant plus nécessaire d'étendre à cet égard cette capacité, qu'à beaucoup d'égards la jurisprudence me paraît rigoureuse.

Le grand nombre des jurisconsultes paraît croire que l'action du citoyen, en ce qui concerne la plainte, se borne au délit particulier dont il reçoit le dommage. Mais d'abord la plainte qui est admise pour un délit dont je reçois le dommage, peut-elle être repoussée sous prétexte que ce dommage est éprouvé par un grand nombre? Comment! si un homme met le feu à ma maison, on veut bien me permettre de me plaindre; si avec ma maison la ville entière est menacée, ma plainte ne sera pas admise?

Sans doute alors j'ai droit de recours au ministère public; mais si les matières inflammables d'une composition chimique nouvelle peu familière aux procureurs-généraux leur paraissent d'une nature innocente et peu faite pour attirer leur attention; ou si les prévenus sont d'une importance et d'une qualité telles qu'ils puissent imposer à la partie publique, quelle ressource me restera-t-il?

Je la cherche dans la loi de 1810 que j'ai rappelée. Cette loi ayant investi tous les magistrats, *ut singuli*, d'une sorte de participation au ministère public, je me réfugierai vers ces magistrats ; je leur dénoncera à eux-mêmes ce que j'ai dénoncé aux procureurs-généraux ; et comme le plus souvent ce n'est que par les informations et les dénonciations privées que ceux-ci sont à même d'exercer leur ministère , je me placerai auprès de tous les magistrats, *ut singuli*, dans la même situation, qu'auprès des procureurs-généraux, c'est-à-dire que je leur apporterai en *duplicata* l'ensemble d'accusations, d'informations et de pièces de conviction que j'aurai rassemblées.

# CHAPITRE IV.

## RESUME.

Les plaintes et griefs exposés au présent Mémoire peuvent être réduits aux chefs suivans :

1°. Les quatre grandes calamités que j'ai signalées, savoir : la congrégation, le jésuitisme, l'ultramontanisme, le système d'envahissement des prêtres, menacent la sûreté de l'Etat, celle de la société, celle de la religion.

2°. Ces quatre grandes calamités ne sont point dans une espèce nouvelle qui aurait pu échapper à la surveillance ou à la prévision du législateur : elles sont notées par nos anciennes lois et chargées de leur anathème.

3°. Ces anciennes lois ne sont ni abrogées, ni tombées en désuétude ; elles sont dans leur pleine et entière vigueur . elles sont confirmées en plusieurs cas par les lois nouvelles.

4°. L'infraction portée à ces lois constitue un délit.

5°. Attendu que ce délit menace la sûreté du trône, celle de la société et de la religion, il se classe parmi les crimes de lèse-majesté.

6°. Par sa qualité de délit contre la sûreté de l'Etat, l'action en dénonciation civique n'est pas seulement ouverte, elle est commandée.

7°. Dans l'ordre juridique, l'action en dénonciation peut être portée par-devant le procureur-général, comme chargé spécialement du ministère public : aux termes de la loi du 20 avril 1810, elle peut être portée aussi concurremment par-devant tous les magistrats des Cours royales.

8°. Dans l'espèce, les dénonciations soit aux procureurs-généraux, soit aux présidens et aux magistrats des Cours royales, me paraissent devoir être faites, non à une seule Cour royale en particulier, mais à toutes les Cours du royaume à la fois, en ce que le délit objet de l'accusation étant général, l'action en dénonciation semble devoir être également générale.

Je viens de dire nûment et franchement sur cette matière l'impression qui est en moi. Messieurs les jurisconsultes des Cours royales, à qui je la soumets, voudront bien, je les en supplie, la confirmer ou la rectifier.

Paris, ce 1<sup>er</sup> février 1826.

Le comte de MONTLOSIER.

---

## POST-SCRIPTUM.

Au moment où cet écrit paraîtra, j'aurai regagné mes montagnes; je recevrai là avec empressement les censures que je pourrai avoir méritées, et les avis que l'amitié voudra bien m'adresser. S'il était dans la volonté de la Providence que les vues que j'ai exposées changeassent certaines déterminations, je n'aurais qu'à m'applaudir et à garder désormais le silence. J'ai peur qu'il n'en soit autrement, et qu'au péril de tout ce qui nous est le plus cher, on s'obstine dans une voie pernicieuse; infailliblement alors on me verrait reparaître dans l'arène.

J'ai quelque espérance dans le grand caractère de plusieurs personnes qui s'égarent ;
j'en ai aussi dans le temps qui peut ramener
beaucoup d'irréflexions Le temps m'est nécessaire à moi-même pour me fortifier, et
donner à mes démarches le poids et la matu-
rité convenables.

Relativement à l'action des magistrats et
des lois, je renouvelle, quand elle sera ma
dernière ressource, l'appel que j'ai déjà fait
à tout le barreau de France. Dans une cause
aussi grave et embarrassée de tant de difficultés, j'ai dû m'attacher à l'instruire avec
soin, avant de demander une solution. Sur
ce point qui n'est pas sans quelque délicatesse, j'ai cru devoir soumettre ma conduite
à deux des principaux jurisconsultes de
Paris. Je me repose sur eux avec confiance.

Mues par divers motifs, quelques personnes
ont voulu me détourner de ma marche ; je
n'ai pu céder à leur avis : ma fidélité peut attendre s'il le faut ; elle ne doit pas se désis-
ter ; mon insuffisance ne serait pas même
une justification. Le guerrier ne va pas
au combat à condition de la victoire ; il
peut recevoir des blessures ; tout n'est pas

douleur dans ces blessures; il y a aussi
quelque douceur à remplir ses devoirs. Je
crois aux intentions pures des personnes
que je combats; tout ce que je leur demande c'est qu'elles veuillent bien croire aux
miennes. Si j'obtiens cette justice, je la regarderai presque comme une grâce; je re-
mercierai alors mes adversaires. Je re-
mercierai aussi celui qui s'est réservé *la
gloire dans le ciel*, mais *qui a promis la
paix sur la terre aux hommes d'une bonne
volonté.*

# PIÈCES JUSTIFICATIVES.

# PIÈCES JUSTIFICATIVES.

———

## TABLEAU DES JÉSUITES A NANTES.

### RAPPORT AU MINISTÈRE DE LA JUSTICE

PARQUET DE LA COUR ROYALE DE RENNES.

#### 1<sup>er</sup> Octobre 1818.

L'ESPRIT jésuitique gagne presque tous les prêtres. Les pères de la foi de Sainte-Anne-d'Aurai ( Morbihan ), vrais jésuites déguisés, gouvernent le diocèse de Vannes, et jettent dans tous les diocèses voisins les racines de leur puissance et de leur domination. Ils appellent jansénistes tous ceux qui ne partagent pas leurs doctrines, et quand on leur demande ce que c'est qu'un janséniste, ils répondent *C'est l'être que de le demander.* Ils ont des adeptes, des affiliés qui se reconnaissent à des signes et à des scapulaires placés sur la poitrine. C'est une bonne fortune pour eux lorsqu'ils peuvent agréger les personnes appartenant aux classes supérieures de la société, surtout parmi les fonctionnaires publics.

A Nantes, j'ai vu un tableau très-curieux exposé dans une chapelle de la cathédrale où l'on ne pénètre

que par une porte qui le dérobe aux yeux du public.
Ce tableau, exécuté sur un plan assez étendu, offre
plusieurs emblèmes qu'il faudrait être connaisseur
pour bien entendre et expliquer. Quelques réminis-
cences de l'histoire et du procès des jésuites, m'ont
aidé à en saisir les principales allusions

Au sommet du tableau, à gauche, saint Ignace est
assis dans un fauteuil entouré de nuages, la main sur
un grand livre *in-folio* ouvert, qui doit être les constitutions de la Société de Jésus, à côté est saint François-
Xavier en rochet et en étole, également assis. Sur un
plan plus bas, un *jésuite,* à genoux, tenant une grande
croix en face des deux saints, et ayant une couronne
royale renversée à ses pieds, semble offrir à saint Ignace
la puissance et la souveraineté universelle Derrière
le jésuite à genoux, on voit l'ange exterminateur poursuivant et chassant les vices et les passions, sous diverses figures infernales, précipités dans les ténèbres.
En arrière de l'ange exterminateur, est une femme en
costume indien présentant à saint Ignace, sur un
carreau de velours blanc, une couronne et un sceptre;
à côte d'elle, et un peu plus reculée, une autre femme,
qui doit être la religion, élève un saint ciboire au ciel,
en l'inclinant vers le saint auquel elle paraît en faire
hommage.

Je crois avoir lu quelque part que l'original de ce
tableau avait été, pour la première fois, exposé à
Marseille, et que plusieurs copies en avaient été faites
par les jésuites; si cela était, Riper de Monclar, procureur-général au parlement de Provence, n'aurait
pas manqué d'en parler dans son Compte rendu des

constitutions des jésuites, ce qu'il ne m'a pas été possible de vérifier.

Quoi qu'il en soit, le tableau existe ; il est exposé,
comme je l'ai dit, dans une chapelle de la cathédrale
de Nantes où je l'ai vu et étudié assez long-temps, il
n'y a pas encore huit jours, pour garantir les emblèmes ci-dessus définis. La couronne royale foulée
aux pieds par un jésuite, l'autre couronne et le sceptre
offerts sur un carreau de velours au saint par un génie
en costume indien, et le saint ciboire présenté par un
autre génie ou une figure représentant la religion,
ne peuvent signifier que la domination universelle,
temporelle et spirituelle dont on accusait justement
la Société de Jésus de vouloir s'emparer. Sa résurrection, sous le titre de pères de la foi, leurs maximes,
leurs principes, leurs doctrines bien connues, parta-
gées maintenant par le clergé, font assez voir et comprendre ce qu'on en doit craindre dans l'état actuel
des choses.

# CONSTITUTION DE LA CONGRÉGATION.

Le père Jean Crasset, qui fut, depuis 1668, jusqu'à sa mort en janvier 1692, c'est-à-dire vingt-trois ans, le père directeur de la grande congrégation dite des *Messieurs* dans l'église professe de la rue Saint-Antoine à Paris, fit imprimer, vers l'année 1670, en petit format in-24 bien portatif, facile à cacher, et sans frontispice ni date, un Manuel à l'usage de ses congréganistes. Ce manuel est devenu très-rare. le format, l'absence de toute date, de tout lieu d'impression, du nom de l'imprimeur, montrent assez que ce livret devait être mystérieusement gardé ; et il est probable qu'à la mort de chaque congréganiste, le père directeur avait soin de le faire retirer de sa succession.

Ce Manuel avait pour titre à la première page seulement : *Règles de la Congrégation de Notre-Dame de la Maison professe de Saint-Louys à Paris.* On sait le rôle que cette maison a joué dans la Ligue. Le livret a 143 pages ; il commence par les *Règles générales,* dans lesquelles on voit la constitution de la congrégation en 26 articles. « Elle était soubmise à la conduite et » direction de la Compagnie de Jésus. Les confrères » devaient au moins tous les mois une fois se con-» fesser et communier dans l'oratoire et chapelle » de la congrégation, et ce tous les premiers diman-» ches du mois, toutes les fêtes principales de notre » Seigneur, de la sainte Vierge, des Apôtres et autres

» jours et solemnités remarquables , dire tous les jours
» sept fois le *Pater noster* et l'*Ave Maria*. » A chacun
de ces jours et à chacune de ces pratiques étaient atta-
chées, ou des indulgences plénières, ou des indulgences
partielles de trois mille à cent cinquante-huit mille ans.

On ne pouvait prendre un autre confesseur qu'avec
la permission du père directeur qui en référait au père
recteur du collége ; et ce confesseur ne pouvait être
qu'un jésuite C'était dans les mains du recteur qu'a-
boutissaient les fils de toutes les congrégations de la
même ville, et il était prescrit de ne rien faire à
l'insu et sans le consentement du père directeur.

Sous lui était le préfet de la congrégation nommé
par elle, et le réglement voulait qu'elle choisît
un congréganiste éminent dans le monde, autorisant
même à élire pour cette charge un évêque, qui, par-
là, devenait l'inférieur et le disciple obéissant du
PÈRE de la congrégation. Le préfet y avait presque autant d'autorité que ce père , pourvu qu'il fût bien do-
cile à ses volontés et à sa direction.

Au-dessous du préfet étaient graduellement 1° deux
assistans , 2° un secrétaire; 3° de six à douze conseillers; 4° un dépositaire ou trésorier; 5° deux portiers '[*];
6° des lecteurs , etc

La seconde partie du Livret a pour titre · *Règles*

---

[*] Ceux-ci se tenant à la porte notaient tous les confrères qui
entraient, et particulièrement ceux qui devaient communier ; ils
en donnaient à la fin de chaque mois la liste au père directeur,
qui par ce moyen connaissait ceux qui avaient manqué aux exercices et ceux qui n'avaient pas communié.

particulieres pour les officiers de la congrégation de la *Bienheureuse Vierge*. Chacun de ceux que je viens de nommer et autres y trouvaient leurs devoirs bien expliqués, et toujours celui de la déférence, de l'obeissance au préfet et au père directeur, dominait toutes les autres obligations.

La troisième partie a pour titre : *Coutumes pratiquées ès principales congrégations des maisons professes de-la compagnie de Jésus, tant à Rome qu'ailleurs*

Le Livret se termine par dix-sept pages sous ce titre *Brief recueil des indulgences que peuvent gaigner ceux qui sont de la congrégation Notre-Dame, tiré des bulles de son érection faite par les papes Grégoire XIII et Sixte V.*

On sait que le premier de ces papes ne vit pas avec trop de chagrin la Saint-Barthélemy, ni la formation de la Ligue, et que le second la favorisa de tout son pouvoir apostolique.

Je ne donne pas l'état des mille et millions d'années d'indulgences dont les congreganistes sont dotes. Par les dix-sept pages qui en sont remplies on comprend que le nombre en serait difficile à compter

Par les réglemens, la subordination des congréganistes est poussée à tel point que dans les délibérations, ils ne doivent donner leur vote que quand ils sont interpellés par le père directeur ou par le préfet, et ne le donner qu'avec humilité, sins contester, à l'effet de le soutenir contre l'avis du directeur et du préfet. De plus, si quelqu'un d'eux est obligé de voyager pour ses affaires, il ne le peut faire sans en avoir

obtenu la permission du *père* , du préfet , et contre-
signée du secrétaire ; par le moyen de cette permission , il peut se présenter, avoir accès , être introduit
dans toutes les congrégations jésuitiques du monde ;
dans ses voyages, il doit écrire au préfet pour lui
rendre compte de sa conduite , et nécessairement de
celle des autres.

Cela doit suffire pour donner une idée du système
politique des congrégations Le Livret qui nous a
fourni ces renseignemens est joint comme une pièce
justificative à un manuscrit assez volumineux que
nous avons vu partiellement, et qui consiste en *une*
*Histoire des congrégations et sodalités jésuitiques*
*depuis leur origine , en* 1563 , *jusqu'au temps présent.*
On y voit décrite, avec preuves, la part que ces associations mystiques et secrètes ont eue en France, à
Naples , à Venise , etc , etc. , à toutes les intrigues
politiques, aux troubles, aux ligues ; et toujours, suivant la grande maxime des jésuites, *ad majorem Dei*
*gloriam ;* à quoi ils ajoutent maintenant à Montrouge ,
*et sacratissimi cordis Jesu.*

# ARRÊT

## DE LA COUR DU PARLEMENT,

### CONCERNANT

#### LES ASSOCIATIONS, CONGRÉGATIONS ET CONFRÉRIES.

Du 18 avril 1760

CE jour, la Cour, toutes les Chambres assemblées, les gens du Roi sont entrés, et M<sup>e</sup> Omer-Joly de Fleury, avocat dudit Seigneur Roi, portant la parole, ont dit : Que le 11 janvier dernier, entre autres objets de la délibération de la Compagnie, ils furent chargés de s'informer de différentes *Associations* et *Congrégations*, non autorisées et non revêtues de lettres-patentes, et d'en rendre compte en la Cour, toutes les Chambres assemblées, le mardi 22 du même mois.

Qu'ils ne répéteront pas à la Cour ce qu'ils ont eu l'honneur de lui dire ledit jour 22, et ne reprendront pas les différens arrêtés du 4 et 5 mars, par le dernier desquels la délibération a été remise au premier vendredi d'après *Quasimodo*.

Que par l'examen qu'ils avaient fait des différens livres, feuilles et mémoires qui leur avaient été remis relativement auxdites congrégations, ils avaient reconnu qu'en général le terme d'*association*, qu'ils avaient cru d'abord présenter des objets d'inquiétudes dont ils avaient fait part aux officiers de police, sur le témoignage desquels ils avaient cru devoir rassurer la Cour, était indifféremment et souvent même concurremment employé avec celui de *congrégation*, pour marquer la réunion de ceux et de celles qui se consacraient à certain genre de dévotion particulière.

Que les principaux genres, dont ils avaient connaissance, étaient :

En premier lieu, des congregations ou associations sous l'invocation de la *Très-Sainte-Vierge*.

En deuxième lieu, des congrégations ou associations qui ont pour objet la *dévotion du saint esclavage de la mère de Dieu*, ou de l'*esclavage de Notre-Dame*, ou de l'*esclavage de la Vierge*, termes dont on se sert encore indifféremment.

En troisième lieu, des congrégations ou associations sous le titre de *Dévotion au Sacré-Cœur de Jésus*.

En quatrième lieu, des congrégations ou associations dites *de la Croix*.

Que la principale des congrégations de la première espèce, c'est-à-dire sous l'invocation de la Très-Sainte-Vierge, paraît avoir été érigée dans la chapelle du collége de Tours de cette ville, rue Serpente, paroisse Saint-Severin.

Qu'il y a plusieurs livres imprimés avec privilége à l'usage de cette congrégation.

Que l'un d'eux, in-12, intitulé : *Manuel de la Congrégation*, contient différens réglemens pour ceux et

celles qui sont de cette congrégation, à la tête desquels il y a un préfet avec plusieurs officiers, tels que
secrétaires, trésoriers ou receveurs, consulteurs ou
conseillers, instructeurs, sacristain, lecteurs, maîtres
du chœur, choristes, directeurs de la communion,
surveillans, portiers, infirmiers

Que ces mêmes livres contiennent des offices pour
chaque mois de l'année, des traités particuliers inti-
tulés, la *Science du crucifix*, le *Petit Chapelet en*
*l'honneur du Saint-Sacrement*, la *Dévotion a la Très-*
*Sainte-Vierge dans la récitation du rosaire,* et des
cantiques spirituels que l'on chante avant une conférence qui se fait tous les dimanches avant cinq
heures du soir dans la chapelle.

Que l'on voit aussi dans un autre en 2 vol. in-12,
intitulé *Moyens de salut*, ou *Exercices de piété tres-*
*utiles pour vivre en bon chrétien*, différentes instructions, pratiques et sujets de méditations, relatifs à
cette congrégation ou conférence du collège de Tours.

Que par un examen général de ces livres imprimés
en 1755 et en 1757, il paraît que cette congrégation
subsistait déjà en 1750; qu'elle a obtenu un bref d'indulgence du pape pour le jour de l'Assomption, en
date du 17 décembre 1754, et que ce bref a été approuvé et autorisé par M. l'archevêque de Paris le
18 janvier 1755.

Qu'il y a lieu de juger, par des cantiques placés à
la suite d'un de ces livres, que pareille dévotion est
établie dans les paroisses de Saint-Benoît, de Saint-
Sulpice, de Saint-Roch, de Saint-Merry, de Saint-
Sauveur et de Saint-Médard, dans lesquelles, à la

Toussaint et à Pâques, il se fait des retraites pour tous les ouvriers des rues, et pendant toute l'année des catéchismes aux pauvres enfans des rues

Qu'il paraît y avoir quelques paroisses du ressort, où la même devotion est établie, et où il y a des associations de filles à cette fin : qu'ils jugent que c'est la même dévotion, parce que, suivant les avis qu'ils en ont eus, il y a dans ces associations, pour le régime et le gouvernement, des officiers qui ont les mêmes titres de préfets, secrétaires, etc.

Que plus anciennement il y a des maisons régulières de certains ordres ou sociétés, dans lesquelles il existe des congrégations, dont le but, suivant leurs réglemens, est de ranimer, maintenir, étendre et perpétuer la dévotion à la Très-Sainte-Vierge, et dans la pratique desquelles ces maisons prétendent ne s'être perpétuées, que parce que d'un côté, ces congrégations étant ou considérées dans leur nature et dans leur essence, ou jugées par la conduite et les mœurs des congréganistes, leur existence ne leur a pas paru contraire aux lois, ni réprouvée par elles ; et parce que d'un autre, si elles n'ont pas été directement revêtues du sceau de l'autorité royale, elles n'en ont pas moins été connues, protégées et maintenues par les magistrats.

Que l'on s'appuie à cet égard de l'autorité des parlemens de Toulouse et de Rouen, qui ont, en 1630 et en 1632, registré des lettres-patentes du 7 octobre 1630 et 9 mai 1632, relatives auxdites congrégations, en ce que, par lesdites lettres, il est ordonné que les présidens et conseillers de ces Cours, qui sont desdites congrégations, ne pourraient à l'avenir, sous ce prétexte, être récusés ni empêchés d'être rapporteurs ou juges des procès, èsquels les religieux qui tiennent lesdites congrégations auraient intérêt

Que l'on s'appuie même de l'autorité de la Cour qui, entre autres affaires relatives aux droits de ces réguliers par rapport à ces congrégations, a rendu un arrêt le 21 mars 1713, que l'on trouve rapporté au sixième volume du *Journal des Audiences*, pag. 328, par rapport à une congrégation de cette espèce établie en la ville de Reims, dès l'année 1622.

Qu'ils ont remarqué que, dans quelques-uns des livres relatifs à cette dévotion, on recommande d'assister aux offices des paroisses, et de ne point perdre de vue l'obligation d'observer le précepte de l'Apôtre *d'être soumis aux princes et aux magistrats et de leur rendre obéissance, d'être prêts à faire toutes sortes de bonnes œuvres, de ne médire de personne, de fuir les contestations, d'être équitables et de témoigner toute la douceur possible à l'égard de tous les hommes.*

Qu'à l'égard de la dévotion du *saint esclavage de la mère de Dieu*, ils n'en ont connaissance que par un petit livret imprimé à Alençon, qui contient quelques faits historiques, relatifs à une confrérie, pour les fidèles de l'un et de l'autre sexe et de toutes professions, associés sous ce titre de dévotion, des prières ou formules pour s'offrir à la Vierge, en prenant une chaînette en signe de la consécration que l'on fait de sa liberté et de sa fidélité au service de la Vierge.

Qu'il paraît par une feuille séparée, également imprimée, que la même formule sert aussi pour se dévouer à Jésus et à Marie conjointement, en qualité d'esclaves.

Qu'à la suite de ce livret est un bref du pape du 20 septembre 1740, portant indulgence en faveur des confrères et sœurs de ladite confrérie.

Qu'ils ignorent si ce genre de dévotion est fort étendu, et dans quelles églises il a son principal établissement

Qu'il est un troisième genre de congrégation ou association, sous le titre de *Dévotion au Sacré-Cœur de Jésus.*

Que dans la pratique de cette congrégation, et pour engager à s'y associer des personnes que l'on reconnaît pour être remplies de piété, on leur distribue des feuilles imprimées et des images qui contiennent le précis de l'objet de cette dévotion ; que cette distribution se fait par des personnes de la congrégation, auxquelles on envoie plusieurs feuilles et images sous un même paquet, sur l'enveloppe duquel est imprimée la manière dont se doit faire cette distribution.

Que l'on annonce ces imprimés comme un *trésor ;* que l'on dit, que *c'est de la part du divin Jésus qu'on les envoie ;* que l'on recommande à celui à qui on les adresse *de les distribuer lui-même avec une sainte ardeur et prudence, à de saintes âmes choisies de ses amis laïcs, et non pas à tous les demandans,* que Dieu l'ordonne ainsi, parce que ces choses sont très-rares ; qu'on n'en vend point, et que par cette raison *il faut les conserver ;* que ces feuilles sont regardées dans la même adresse, comme *ne devant point* être séparées, parce que l'une sans l'autre n'expliquerait point cette dévotion.

Qu'il paraît dans quelques-unes d'entre elles qu'il y a eu un bref d'indulgence en 1756, accordé pour ceux qui feraient des actes de foi, d'espérance et de charité, en exprimant les motifs propres à chacun de ces actes.

Que dans la même vue de cette dévotion, il a été imprimé à Paris, en 1755, avec privilége, un livre intitulé *Le Parfait Adorateur du Sacré-Cœur de Jésus,* contenant des prieres et des instructions relatives à cette dévotion; que, dans ce livre, à la page 283, on trouve le catalogue de tous les lieux où cette dévotion est établie, en vertu de différens brefs, et dont, en 1742, on comptait déjà plus de deux cents villes ou bourgs où cette dévotion était en vigueur Qu'à Paris, suivant le même livre, la première date de cette dévotion est de 1746; que, dans la paroisse Saint-Laurent, il y a eu une fondation faite à cette fin par le curé, par acte passé par-devant notaire, le 20 septembre 1746, en conséquence d'une délibération des marguilliers du 18 du même mois, que l'on distribue des précis imprimés de cette dévotion, qui ne sont que des cantiques et instructions extraits du *Parfait Adorateur*

Que la quatrième espèce de congrégation, dénommée la *Congrégation de la Croix*, ne paraît jusqu'à présent, et suivant les instructions qu'ils ont pu avoir, établie que dans la ville de Chartres.

Qu'il y a eu un placard imprimé, qui contient un bref de 1752, portant indulgence en faveur des frères et sœurs de cette congrégation.

Qu'au-dessous est une permission de l'ordinaire, en date du 30 avril 1753, pour en permettre l'usage et la publication, et pour désigner l'église paroissiale de Saint-Aignan, ainsi que les jours auxquels on doit visiter cette église

Que le même placard contient aussi un bref pour les indulgences que le pape attache à la célébration des messes à un autel privilégié pour le repos des ames des frères et sœurs décédés, et la permission de l'ordinaire qui assigne l'autel de la Vierge pour autel privilégié, et le vendredi de chaque semaine pour la célébration des messes.

Qu'il a été imprimé avec privilége, en 1753, un livre intitulé : *La Dévotion à la croix du Sauveur, ou Prières et Pratiques de piété pour les personnes qui embrassent cette dévotion*

Qu'ils sont instruits par les officiers de police du bailliage de cette ville, que l'on s'assemblait pour les pratiques de cette congrégation, dans une chapelle souterraine de l'église de Saint-Aignan ; que cette confrérie avait de l'argenterie et des ornemens en propre ; que l'on donnait trois livres en entrant, et vingt-quatre fois par an, outre les quêtes ; qu'il y avait des jours de dévotion marqués, des processions, des offices, des prédications ; qu'il y avait enfin des temps de retraite, tant pour les frères que pour les sœurs, que ces retraites se font séparément dans la chapelle souterraine, et que ceux qui en sont, y restent depuis le matin jusqu'au soir avec quelques ecclésiastiques, sans que les autres fidèles puissent y entrer.

Que c'est à quoi se réduisent tous les eclaircisse-

mens qu'ils ont pu avoir jusqu'à présent, et qu'il leur
paraît presque impossible d'entrer dans un plus grand
détail sur ces différentes dévotions, congrégations,
confréries qui se sont multipliées pour ainsi dire à l'in-
fini.

Que si on consultait l'antiquité sur l'origine et l'existence des confréries, elle apprenait qu'il n'avait jamais été permis aux réguliers d'établir des confréries
dans leurs églises sans le consentement des évêques,
à qui le soin du salut des peuples est confié. Que l'E-
glise n'étant autre chose que l'assemblée des fidèles
unis aux pasteurs qui la gouvernent, il ne peut donc
y avoir de légitime assemblée sans leur permission, et
que toute association qui éloigne le peuple du pasteur, est dès-lors illégitime ; que, dans l'ordre politique, toute assemblée faite sans l'approbation du
prince serait condamnable, et qu'il en doit être de
même pour les assemblées des fidèles.

Qu'il ne doit point être permis à chaque particulier de se soumettre à qui il lui plaît dans les choses
spirituelles ; mais seulement à ceux que J.-C. a établis
directement les ministres de son Eglise ; que nous dé-
pendons tous de lui par le bienfait de la création, et
encore plus par celui de la rédemption.

Que nous ne devons donc nous soumettre qu'à la
conduite de ceux, ou qui sont nos pasteurs, ou qui
nous sont désignés par les pasteurs qui tiennent la
place de Jésus-Christ

Que les conciles d'Italie, ceux de l'Eglise gallicane
n'ont qu'un même sentiment sur ce point, qu'un synode provincial de Cognac, de 1238, défend, sous

peine d'excommunication, les confréries qui n'ont pas obtenu cette permission. Qu'un concile de Poitiers de 1367 les défend sous la même peine; qu'un synode de Langres de 1404 défend aux curés d'établir aucune confrérie dans leur église sans permission, et leur ordonne, s'ils en ont d'établies, de le dénoncer au plutôt; qu'un concile de la province de Sens de 1514 s'exprime en ces termes : *Comme le grand nombre des confréries donne souvent lieu à des monopoles odieux, nous défendons sous peine d'excommunication d'en ériger aucunes sans notre consentement, et nous voulons bien cependant tolérer celles que nos prédécesseurs ou nous aurions déjà approuvées* Qu'un concile de Chartres de 1536, voyant les confréries se multiplier à l'excès, fit la même défense ; que les termes dont se sert un concile de Rouen sont remarquables *Les confréries et associations qui se sont établies par piété, sous le titre de charité et autres dénominations, ne font que nuire aux fidèles et déranger l'ordre établi dans l'Église; elles nuisent même au temporel et introduisent le fanatisme dans les esprits. On élève dans chaque église particulière autel contre autel, on oppose sacrifice à sacrifice, prêtre à prêtre, paroisse à paroisse; nous ne croyons pas cependant devoir les abolir, parce que dans le fond on y pratique de bonnes œuvres, et qu'elles sont utiles dans les calamités publiques; mais nous désirons fort en réformer les abus. Nous voulons qu'on examine leurs fondations, leurs statuts, et que par la suite on ne fasse aucune de ces sortes d'établissemens sans une permission par écrit; que c'est ainsi ou en termes équivalens que*

22

s'expriment les conciles de Reims en 1583, de Bourges en 1584.

Que les conciles d'Italie en parlent dans les mêmes termes ; que le cinquième de Milan recommande à l'évêque d'avoir attention qu'on ne dispute point dans ces assemblées sur les dogmes, et qu'on n'y fasse ni conférence ni discours sur les matières de la foi, qu'on n'y lise et qu'on n'y récite rien en langue vulgaire, qu'on n'y fasse aucun office durant celui de la cathédrale, ou celui de la paroisse, et qu'il soumet ces confréries, non-seulement à l'évêque, mais encore au curé, ou à un autre prêtre consacrés par l'évêque. Que la disposition de ce concile regarde, selon ses propres paroles, les confréries établies chez les religieux, comme celles des paroisses ; qu'un concile d'Arezzo, en Toscane, les soumet à la visite et à la correction de l'évêque, et veut qu'il ait le droit d'approuver, condamner ou corriger leurs statuts

Que, pour éclaircir encore davantage cette matière, ils ajouteront que toutes ces congrégations et confréries qui étaient inutiles dans les beaux siècles de l'Eglise, ne doivent leur établissement qu'à la négligence des ministres et à la dévotion peu éclairée des fidèles qui aiment mieux ce qui est de leur choix et les moyens de se sanctifier qui sont de leur invention, que ceux que Jésus-Christ leur a prescrits ; que l'inattention des pasteurs et l'amour-propre des fidèles ont rendu presque nécessaires ces établissemens ; que les fidèles ont cherché dans des églises étrangères les remèdes au vice, et la connaissance des vertus qu'ils devaient naturellement apprendre de leurs pasteurs,

que dans les premiers temps les instructions des évêques et des curés suffisaient pour la conduite des
ames, et qu'on ne cherchait point chez les étrangers
la parole divine qui est la nourriture de l'ame.

Que les instructions des pasteurs, comme tout ce
qui se pratiquait dans leurs églises, se faisaient en public et à la vue de tous ceux qui voulaient s'y présenter; qu'on y évitait avec soin tout ce qui pouvait paraître singulier, tout ce qui pouvait exciter la curiosité,
donner lieu à la superstition et à l'erreur, que rien
ne s'y passait en secret, ni sous le secret. Que les
pasteurs suivaient l'exemple de Jésus-Christ qui prê-
chait toujours en public au milieu de la synagogue,
dans le temple où tous ceux qui se présentaient étaient
admis; que c'est le témoignage qu'il se rendit à lui-
même devant le tribunal de Caïphe, sans crainte d'ê-
tre démenti *J'ai*, dit-il, *parlé publiquement à tout
le monde; j'ai toujours enseigné dans la synagogue et
dans le temple où tous les Juifs s'assemblent, et je
n'ai rien dit en secret;* que les apôtres l'imitèrent,
que s'ils ont prêché quelquefois dans des maisons particulières, c'était dans un temps où il n'y avait pas
encore de temples établis et où ils n'avaient pas la liberté d'en élever, mais les assemblées qui se tenaient
dans ces maisons étaient publiques, que leur divin
maître leur avait ordonné d'annoncer sa parole sur les
toits, c'est-à-dire en public, qu'ils ne faisaient donc
pas de conférences spirituelles, d'explication de l'E-
criture et des mystères dans des lieux où il n'y aurait eu que des auditeurs qu'ils auraient pu se
choisir; que tous pouvaient y être présens, qu'on n'eu

22*

excluait personne, que les portes étaient toujours ouvertes.

Que dans le temps où le zèle des ministres se ra-
lentit, l'ignorance ou la négligence firent de funestes
progrès ; que l'esprit de nouveauté fit disparaître l'é-
tude de la saine doctrine, et que pour rappeler les fidèles à l'amour de la vérité et à la pratique des vertus,
il fallut permettre les confréries. Que la nouveauté de
ces établissemens et le choix de ceux qui en étaient
les directeurs, donnèrent lieu à la curiosité et excitè-
rent les fidèles à s'inscrire dans ces sociétés, à y venir
chercher des instructions qu'ils n'aimaient auparavant
recevoir que de leurs pasteurs, et par estime pour
eux, et par respect pour leur ministère.

Que les confréries nous viennent de l'Italie où elles
s'accréditèrent et furent soutenues dès que les paroisses commencèrent à être moins fréquentées par la
faute des curés ; que les papes leur appliquèrent des
indulgences pour engager le peuple à choisir quelques-
unes de ces associations ; *la piété des fidèles*, disait à
ce sujet un docteur dans ce siècle, *est si affaiblie, qu'il
paraît comme permis d'employer toutes sortes de moyens
pour les instruire et les porter à la fréquentation des
sacremens , et nous en sommes au point de dire*, continue ce même docteur, en usant des paroles de l'A-
pôtre, *soit parmi l'honneur, soit parmi l'ignominie,
qu'importe , pourvu que Jésus-Christ soit annoncé.*

Que les plus anciennes confréries ou associations
sont celles qui se faisaient pour aller visiter l'église
cathédrale ; que dans les premiers temps il n'y avait
pas d'autre église que celle-ci, qu'on s'y rassemblait,

ministres, religieux, simples fidèles, sous le même pasteur. Que, dans la suite des siècles, les paroisses furent établies, mais qu'on n'oublia pas l'église matrice; que la dévotion pour elle se conserva pendant long-temps, et qu'on formait de saintes sociétés pour y aller par dévotion en certains jours. Que Pierre de Blois, Lettres 127 et 128, fait mention de ces associations dont il est parlé dans les statuts synodaux d'Odon, évêque de Paris. *Il est ordonné, dit-il, aux curés d'inscrire les noms de leurs paroissiens qui sont de la confrérie de l'église de Paris, et ce qu'ils paient à cette association;* que c'était une confrérie de la Sainte-Vierge dont on célébrait une fête le lendemain de la Trinité; que voici ce que porte un synode de Sens de 1524: *Nous enjoignons aux curés et à leurs vicaires de recommander un dimanche de chaque mois la confrérie établie depuis long-temps dans notre cathédrale en l'honneur de saint Étienne.* (Il faut remarquer que cette église est sous son invocation.) *Ils recevront ce que les fidèles auront la dévotion de donner pour cette confrérie, et le remettront à celui qui est chargé de l'administration de cette confrérie.*

Qu'après avoir considéré ces sortes de congrégations et de confréries sous ce premier point de vue, c'est-à-dire relativement au corps mystique que l'Église forme dans l'état dont elles font partie, et à la puissance spirituelle qui gouverne l'Église, elles doivent l'être ensuite relativement au magistrat politique, c'est-à-dire à la puissance temporelle qui appartient au souverain en qualité de souverain, dans la conduite de l'Église considérée comme corps politique, et à titre de gardien et de protecteur, dans le gouvernement de cette même Eglise considérée même comme corps mystique.

Que, de ce double titre dans le souverain, et de souverain, et de gardien et protecteur, relativement à l'Eglise et à tout ce qui en dépend, dérive le droit qui appartient aux magistrats, dépositaires de son autorité, de veiller sur ces sortes d'assemblées, soit pour les permettre ou pour les défendre, soit pour les renfermer dans l'observation des règles qui seraient autorisées pour leur administration, ou leur en imposer de nouvelles, en observant les formalités nécessaires à cet effet.

Qu'en général, toutes congrégations, associations de dévotion, confreries, ne peuvent subsister sans le concours des deux puissances, que ce concours de la part de la puissance temporelle, est ou exprès ou présumé, qu'il est exprès par les lettres émanées du prince, dûment vérifiées dans ses cours, qu'il est présumé lorsque l'association, congrégation ou confrérie peut prouver une possession immémoriale, appuyée de titres ou actes approbatifs de son existence émanés en connaissance de cause de la puissance séculière.

Que, dans l'usage néanmoins, on a toujours distingué les confréries et associations qui n'ont pour but que des prières publiques dans des églises ouvertes à tous les fidèles, et sans aucune assemblée particulière, que les magistrats n'y voyant qu'une union de prières à laquelle les autres fidèles peuvent se joindre, s'ils le jugent à propos, n'ont pas cru devoir empêcher ce qui ne peut servir qu'à l'édification publique, sans exciter aucune inquiétude ; mais qu'il n'en a point été, et n'en doit pas être de même de celles qui auraient des dévotions et des prières secrètes, ainsi que des assemblées, parce que, dans l'Etat, toute assemblée particulière qui n'est point autorisée par le souverain et qui se cache, donne lieu à des soupçons légitimes que la police a intérêt de vérifier, et présente toujours une matière ouverte à des inquiétudes qu'il est du bon ordre d'écarter.

Que ces vues générales semblent être les seules sur lesquelles il soit, quant à présent, possible de s'appuyer, si la Cour croyait devoir régler quelque chose sur cette matière.

Qu'indépendamment des genres de dévotion particulière dont ils ont cru devoir rendre compte à la Cour, il y a une multitude d'autres associations, de congrégations et confréries établies dans le ressort ; que quelques-unes ont des lettres-patentes dûment vérifiées, d'autres des titres équipollens ; que plusieurs subsistent sans titres de cette nature ; que les unes ont des dévotions particulières et non publiques, d'autres publiques et qui n'annoncent rien de secret ou de mystérieux ; mais que ces objets de détail ne peuvent jamais être parfaitement connus, si l'on ne parvient à faire représenter les titres, les réglemens et usages de chaque association de dévotion, de chaque congrégation ou confrérie, et les formules des promesses ou engagemens, même verbaux, qu'elles peuvent avoir ; qu'il n'y a que l'autorité de la Cour qui puisse les met-

tre à portée de connaître dans le détail tous les éclair-
cissemens de cette nature.

Qu'il leur paraîtrait en même temps de la prudence
de la Cour, de distinguer dans les dispositions de l'arrêt qu'ils lui proposent de rendre, les congrégations,
associations et confréries qui ont des lettres-patentes,
d'avec celles qui, n'en ayant point, auraient des titres
équipollens, comme aussi celles qui, n'ayant ni lettres
du roi ni titres équipollens, auraient des exercices
publics de prières et de dévotion dans les églises ouvertes à tous les fidèles, d'avec celles qui n'admet-
traient point cette publicité et tiendraient des assemblées secrètes et particulières, et de comprendre dans
les mêmes dispositions toutes les assemblées de cette
espèce, soit qu'elles se tiennent dans les paroisses des
villes, soit dans celles des campagnes, soit dans les
églises, maisons ou communautés de l'un et l'autre
sexe, régulières ou séculières.

Que c'est dans cette vue qu'ils croient devoir proposer à la Cour d'ordonner que les ordonnances, arrêts
et réglemens de la cour seront exécutés selon leur
forme et teneur; ce faisant, faire inhibitions et défenses à toutes personnes, de quelque qualité et condition qu'elles soient, de former aucunes assemblées
illicites, ni confréries, congrégations ou associations
en cette ville de Paris, et partout ailleurs, sans l'expresse permission du roi, et lettres-patentes vérifiées
en la cour

Ordonner, à l'égard des congrégations, associations
et confréries qui sont établies par lettres-patentes
dûment vérifiées, que les chefs et administrateurs

d'icelles seront tenus, dans tel délai qu'il plaira à la
Cour de fixer, de justifier desdites lettres-patentes, de
leur établissement, et d'en remettre ou envoyer à M. le
procureur-général des copies en bonne forme, signées
d'eux, ainsi que de leurs règles et statuts, et formules
de promesses ou engagemens verbaux, si aucuns y a

A l'égard des associations, congrégations et confréries qui ne seraient établies par lettres-patentes dûment vérifiées, mais qui subsisteraient depuis un
temps considérable, ordonner que ceux qui les régissent seront tenus, dans pareil délai, d'envoyer à M. le
procureur-général, un état ou mémoire du temps de
leur existence, et de leurs règles et exercices, formules de promesses ou engagemens verbaux, si aucuns y
a, même des copies signées d'eux, des titres par lesquels ils prétendent établir leur légitimité, sans néanmoins aucune discontinuation de celles desdites congrégations, associations ou confreries qui n'auraient
pour objet que des exercices publics de dévotion, dans
des églises ou chapelles ouvertes à toutes personnes
indistinctement, sans aucunes assemblées particulières, jusqu'à ce qu'autrement par la Cour en ait été
ordonné.

A l'égard des associations, congrégations et confréries qui ne consisteraient qu'en exercices secrets de
dévotion et qui se tiendraient dans des églises ou chapelles qui ne sont pas indistinctement ouvertes à
toutes personnes, ou en assemblées particulières qui
ne seraient pas valablement autorisées, ordonner
que ceux qui les régissent seront tenus de se retirer dans pareil délai par-devers les supérieurs ecclé-

siastiques, pour obtenir leur agrément pour leur établissement, et par-devers le roi , pour en obtenir, s'il
y a lieu, des lettres-patentes adressées à la Cour, pour
y être enregistrées, si faire se doit.

Enjoindre aux substituts de M. le procureur-général et aux procureurs fiscaux, de veiller et tenir la
main à l'intention de l'arrêt qui interviendra sur leurs
présentes conclusions, et à ce que les lettres-patentes,
titres, états et mémoires, formules de promesses ou engagemens verbaux, si aucuns y a, desdites associations, congrégations et confréries, soient envoyés à
M le procureur-général, pour, sur le compte qui sera
par lui rendu à la Cour, être par elle statué ce qu'il
appartiendra

Ordonne que l'arrêt qui interviendra sur leurs conclusions sera imprimé, lu, affiché et publié dans cette
ville de Paris, et envoyé dans les bailliages et séné-
chaussées du ressort, pour y être pareillement lu, affiché et publié.

Comme aussi ordonner qu'à la diligence de M le
procureur-général, ledit arrêt sera envoyé à toutes les
maisons religieuses, et dans toutes les paroisses des
villes et des campagnes du ressort de la Cour, enjoindre aux substituts de M. le procureur-général de veiller à l'exécution dudit arrêt, et de lui en donner avis.

Et se sont lesdits gens du roi retirés

Eux retirés, la matière mise en délibération, il a été
arrêté qu'il sera nommé des commissaires qui s'assembleront en l'hôtel du Bailliage, lundi prochain, cinq
heures de relevée. Et la cour s'est levée.

Ce jour, la Cour, toutes les chambres assemblées, en délibérant sur le compte rendu, par Messieurs les commissaires, du travail par eux fait en exécution de l'arrêté du 18 mars 1760, au sujet des associations, congrégations et confréries, ORDONNE que les ordonnances, arrêts et réglemens de la Cour seront exécutés selon leur forme et teneur ce faisant, fait inhibitions et défenses à toutes personnes, de quelque qualité et condition qu'elles soient, de former aucunes assemblées illicites, ni confréries, congrégations ou associations, en cette ville de Paris, et partout ailleurs, sans l'expresse permission du roi et lettres-patentes vérifiées en la Cour; ORDONNE pareillement que, dans six mois pour toute préfixion et délai, à compter du jour de la publication du présent arrêt, les chefs, administrateurs et régisseurs de toutes confréries, associations et congrégations qui se trouvent dans le ressort de la Cour, seront tenus de remettre au procureur-général du roi, où à ses substituts sur les lieux, des copies en bonne forme et signées d'eux, des lettres-patentes de leur établissement ou autres titres qu'ils peuvent avoir, leurs règles, statuts et formules de promesses ou engagemens verbaux, ensemble un mémoire contenant le temps et la forme de leur existence, comme aussi un exemplaire des livres composés pour l'usage desdites confréries, associations et congrégations. ENJOINT aux substituts du procureur-général du roi d'envoyer au procureur-général les

lettres-patentes, états, mémoires, formules de promesses et engagemens verbaux, et autres pièces qui
leur seront remises, pour, sur le compte qui en sera
par lui rendu, être statué par la Cour, toutes les chambres assemblées, ainsi qu'il appartiendra, et FAUTE
par lesdits chefs, administrateurs et régisseurs desdites confréries, associations et congrégations, d'avoir
satisfait, dans ledit délai de six mois, aux dispositions
du présent arrêt, leur fait, la Cour, très-expresses inhibitions et défenses de souffrir aucune assemblée, ni
continuer aucun exercice desdites confréries, associations et congrégations, et à toutes personnes, de
quelque état, qualité et condition qu'elles soient, de
s'y trouver, sous les peines portées par les ordonnances, et CEPENDANT fait dès à présent défenses, sous les
mêmes peines à toutes personnes, de telle qualité et
condition qu'elles soient, de s'assembler à l'avenir
sous prétexte de confrérie, congrégation ou association,
dans aucune chapelle intérieure, ou aucun oratoire
particulier de maison religieuse ou autre, même dans
les églises qui ne seraient pas ouvertes à toutes personnes qui se présenteraient pour y entrer ENJOINT
aux substituts du procureur-général du roi de tenir
la main à l'exécution du présent arrêt, et en conséquence de veiller à ce que, le délai ci-dessus expiré,
il ne soit plus tenu aucune assemblée, ni fait aucun
exercice de celles desdites confréries, associations et
congrégations qui n'auraient satisfait aux dispositions
du présent arrêt; COMME AUSSI ORDONNE que le présent arrêt sera imprimé, lu, affiché, publié dans cette
ville de Paris et envoyé dans les bailliages et séné-

chaussées du ressort, pour y être registré et pareillement lu, publié et affiché, ORDONNE en outre qu'à
la diligence du procureur-général du roi, le présent
arrêt sera notifié à toutes les maisons religieuses et
dans toutes les paroisses des villes et campagnes du
ressort.

Fait au Parlement, toutes les chambres assemblées,
le 9 mai 1760.

*Signé* YSABEAU.

( Imprimé à Paris, chez P.-G. Simon, imprimeur du
Parlement, rue de la Harpe. 1760.)

# ARRÊT

## DE LA COUR DU PARLEMENT

### AU SUJET DES DIVERSES ASSERTIONS JÉSUITIQUES

Extrait des Registres du Parlement, du 5 mars 1762

Vu par la Cour, toutes les chambres assemblées, l'arrêt du 3 septembre 1761, portant entre autres dispositions « que pour être vérifiés et collationnés tant sur les livres composés et publiés par les soi-disant jésuites, et condamnés par ladite Cour, que sur les autres livres mentionnés au compte rendu à la Cour, toutes les chambres assemblées, le 8 juillet 1761, par l'un des commissaires en ladite Cour, les extraits des assertions dangereuses et pernicieuses en tout genre, que lesdits soi-disant jésuites ont dans tous les temps constamment et persévéramment soutenus et publiés dans leurs livres avec l'approbation de leurs supérieurs et généraux : il sera nommé des commissaires de la Cour, qui s'assembleront le mardi, 15 décembre 1761, pour, ladite vérification et collation faite et rapportée, être, conformément à l'arrêt du 6 août 1761 , par la Cour, toutes les chambres assemblées, le 8 janvier 1762, statué ce qu'il appartiendra : l'arrêté de la Cour dudit jour, 8 janvier dernier, les passages extraits des auteurs de la société desdits soi-disant jésuites , vérifiés et collationnés par les commissaires de la Cour, en exécution de l'arrêt du 3 septembre 1761 , sur les livres et autres pièces que lesdits soi-disant jésuites ont publiés avec l'approbation des supérieurs et généraux de ladite société ; ou pareillement les traductions d'aucuns desdits passages extraits, et les arrêtés de la Cour, des 5 , 17 , 18 , 26 février, et de ce jourd'hui 5 mars 1762, portant que lesdits extraits et traductions d'aucuns d'iceux seront déposés au greffe civil de la cour. La matière mise en délibération

La Cour, toutes les chambres assemblées , a arrêté et ordonné que lesdits passages extraits , vérifiés et collationnés par les commissaires de la Cour , et la traduction d'aucuns d'iceux, seront annexés au procès-verbal de ce jourd'hui, pour, desdites assertions déposées au greffe de la Cour, être pris communication par les gens du roi, et être par eux requis au premier jour , et par la Cour ordonné ce qu'il appartiendra ; comme aussi que le procureur-général du roi sera chargé d'envoyer sans délai lesdites assertions à tous les archevêques et évêques étant dans le ressort de la Cour, attendant ladite Cour du zèle dont ils sont animés pour le bien de la religion, pour la pureté de la morale chrétienne, pour le maintien des bonnes mœurs, pour la conservation de la tranquillité publique et pour la sûreté de la personne sacrée du roi , qu'ils se porteront à prendre, chacun en ce qui les concerne, toutes les mesures qu'exige leur sollicitude pastorale sur des objets aussi importans ; a arrêté, en outre, que M. le premier président sera chargé de se retirer in-

cessamment par-devers le roi, à l'effet de lui présenter
copie collationnée desdits passages de la traduction
d'aucuns d'iceux, pour mettre de plus en plus ledit
seigneur roi en état de connaître la perversité de la
doctrine soutenue constamment et sans interruption
par les prêtres, écoliers et autres se disant de la société
de Jésus, dans une multitude d'ouvrages réimprimés
un grand nombre de fois, dans des thèses publiques
et dans des cahiers dictés à la jeunesse depuis la naissance de ladite société, jusqu'au moment actuel, avec
l'approbation des théologiens, la permission des supérieurs et généraux, et l'éloge d'autres membres de
ladite société : doctrine dont les conséquences iraient
à détruire la loi naturelle, cette règle des mœurs que
Dieu lui-même a imprimée dans le cœur des hommes,
et par conséquent à rompre tous les liens de la société civile, en autorisant le vol, le mensonge, l'im-
pureté la plus criminelle, et généralement toutes les
passions et tous les crimes, par l'enseignement de la
compensation occulte, des équivoques, des restrictions
mentales, du probabilisme et du péché philosophique;
à détruire tout sentiment d'humanité parmi les hommes, en favorisant l'homicide et le parricide ; à anéan-
tir l'autorité royale et les principes de la subordination et de l'obéissance, en dégradant l'origine de cette
autorité sacrée qui vient de Dieu même, et qui, en
altérant sa nature qui consiste principalement dans
l'indépendance entière de toute autre puissance qui
soit sur la terre, à exciter, par l'enseignement abominable du régicide dans le cœur de ses fidèles sujets,
et surtout de tous ceux qui composent la nation fran-

çaise, les alarmes les plus vives et les mieux fondées
sur la sûreté même de la personne sacrée des souverains, sous l'empire desquels ils ont le bonheur de
vivre ; enfin à renverser les fondemens et la pratique
de la religion, et à y substituer toutes sortes de superstitions, en favorisant la magie, le blasphême,
l'irréligion et l'idolâtrie. Et sera, ledit seigneur roi,
très-humblement supplié de considérer ce qui résulte
d'un enseignement aussi pernicieux, combiné avec ce
que prescrivent les règles et constitutions desdits soi-
disant jésuites sur le choix et l'uniformité des sentimens et opinions dans ladite société Ordonne qu'à
l'effet d'être lesdits passages extraits par les commissaires de la Cour, ensemble ceux déjà déposés au greffe
civil de la Cour, le 31 août 1651, plus promptement
et plus facilement envoyés aux archevêques et évêques dans le ressort de la Cour, tous lesdits extraits,
ensemble la traduction d'aucuns d'iceux, et le present
arrêt en tête seront imprimés, et lesdits exemplaires
ordonnés à être envoyés aux archevêques et évêques,
seront collationnés sur les copies manuscrites déposées
au greffe civil de la Cour. Fait en Parlement, toutes les
chambres assemblées, le 5 mars 1762 Collationné ·
RÉGNAULT

*Signé ,* DUFRANC

*(Registres du Parlement.)*

# SUR LE TABLEAU

TROUVÉ AU COLLÉGE DES JÉSUITES DE BILLOM.

Extrait d'un procès-verbal du 16 décembre 1762, tiré du compte rendu aux Chambres du Parlement assemblées, par M le président Roland , le 15 juillet 1763

Nous nous sommes transportés à l'église ou chapelle dudit collége , pour constater si parmi les tableaux qui y ont été laissés par les ci-devant soi-disant jésuites, il y en avait un ( comme on l'a dit) moins propre à édifier qu'à scandaliser.

Etant entrés dans ladite église avec le procureur du roi et Jean-Joachim Girot, notre greffier, nous avons vu sur le mur, du côté droit, un tableau de la longueur de vingt pieds de long sur dix pieds d'élévation , au haut duquel sont ces mots écrits en lettres d'or *Typus religionis.*

Persuadés que c'était l'objet que nous étions chargés de vérifier, nous nous sommes approchés, et quelques notables habitans dudit Billom qui s'y sont trouvés, nous ont assuré que ce tableau était en grande vénération chez les jésuites, et qu'il était là très-anciennement.... Nous avons observé que dans ledit tableau la religion est représentée sous l'emblème d'un très-grand vaisseau qui cingle à pleines voiles de la mer du siècle

au port du salut. Au milieu de ce vaisseau et sur le
tillac, saint Ignace tenant à la main le nom de Jésus,
paraît à la tête de huit autres fondateurs d'ordres. L'on
ne voit dans ce vaisseau d'autres personnages que des
religieux de ces neuf ordres différens, ce qui donne
lieu de présumer qu'on a cherché à confondre la religion avec l'état religieux.

Cette conjecture paraît d'autant mieux fondée,
que l'on n'y aperçoit ni pape, ni évêque qui ne soit
chef d'ordre, ni prêtre, ni aucun séculier. Il est
monté par ces seuls religieux, ce sont eux seuls qui
le conduisent et y font toute la manœuvre. Partout
les jésuites tiennent le premier rang : les autres religieux ne paraissent y agir que sous leurs ordres et en
subalternes; bien plus, quoique le Saint-Esprit enfle
les voiles de son souffle et pousse le vaisseau, c'est un
jésuite qui, chargé du gouvernail, le compas à la
main, en dirige la route. Au-dessous de ce pilote, on
lit : *Imitatio vitæ Christi*. Ne paraît-il pas évident que
ce tableau n'a été fait que pour persuader que les jésuites seuls sont propres à conduire dans la voie du
salut ? Nous avons observé encore, qu'à la suite de
ce vaisseau viennent deux petites barques sur lesquelles
on lit : *Naves secularium quibus arma spiritualia à
viris religionis suppeditantur.* Dans ces barques sont
pêle-mêle le pape, un cardinal, un roi de France,
plusieurs têtes couronnées, des personnes de tout état
et de tout sexe... Du même côté, sur la mer du siècle,
au haut du tableau, s'élèvent plusieurs pointes de
rocher dont la plus élevée est surmontée d'une thiare,
une autre d'un chapeau de cardinal, quelques autres

de mitres, de couronnes, et de la bannière de Malte. Au-dessus de tout, est écrit · *Superbia vitæ*. Autour de ces rochers sont représentés les sept péchés capitaux, sous l'emblème de sept petits brigantins, portant chacun le nom d'un péché ; au-dessous du tout est une sentence commençant par ces mots : *Initium peccati est superbia*

Au-dessous du filet dont on vient de parler est, en grosses lettres, sur une banderole · *Apostatæ religionis*. Sous les légendes on voit plusieurs figures en partie submergées, parmi lesquelles on reconnaît à son habillement le moine Luther qui dirige son arc vers la galère Au milieu de ces apostats, et absolument dans le bas du tableau, est une figure dont il ne sort de l'eau que le buste. Elle paraît sans mouvement et saisie de crainte, on voit même sur son visage une espèce d'abrutissement Elle porte une toque avec une fraise. Plusieurs personnes ont cru trouver à cette figure beaucoup de ressemblance avec Henri III. Un monstre placé à droite de ces apostats en dévore un . .

Du côté de la poupe, dans la galerie inférieure de la grande galère, sont deux religieux, l'un jésuite et l'autre du tiers-ordre de saint François, ils portent chacun un bouclier... Ces deux religieux sont armés de piques et combattent, ainsi qu'un jacobin qui est dans la galère du milieu, et qui tient une pierre à la main, contre une barque qui est au bas du tableau. Cette barque, sur laquelle est assis un démon tenant un sabre à la main, est en partie submergée. plusieurs, qui sont dedans, sont blessés et dirigent cependant leurs armes vers les religieux dont on vient de parler. Dessous cette barque, on lit dans deux banderoles : *Hæretici insultantes*, et à côté, dans un cartouche : *Sagittæ parvulorum factæ sunt plagæ eorum, et infirmatæ sunt contra eos linguæ* Autour de cette barque sont plusieurs hérétiques qui en paraissent tombés, ils sont pour la plupart submergés ; un surtout est peint singulièrement : on ne voit qu'une très-petite partie du buste. la tête est peinte du haut en bas, de façon que les cheveux sont en bas et la barbe en haut. En considérant de près cette figure, et en la regardant dans le sens naturel, on serait bien tenté de croire que l'auteur du tableau a voulu peindre un prince dont la mémoire sera toujours chère aux Français, dont le portrait est gravé dans tous les cœurs, et que la Ligue força de conquérir son propre royaume. . . . . . . . . . . . . . .

. . . . . . . . . . . . . . . . . . . . . .

*N B.* Il est nécessaire d'ajouter que d'après le compte rendu au parlement de Paris, il se trouva au collége de Billom sept éditions différentes du fameux livre régicide de *Busembaum ;* savoir : trois de Lyon des années 1665, 1672 et 1690, une de Toulouse de 1700 ; deux de Paris, de 1726 et 1746, et celle de Cologne de 1729.

( *Registres du Parlement* )

On voit aujourd'hui dans les Mémoires d'une femme célèbre¹, que long-temps après cette époque, un ministre du roi fut trouvé, à sa mort, revêtu des insignes consacrés par les affiliations.

¹ M. de Puisieux ( ci-devant ambassadeur suisse en Suède et à Naples, chevalier de l'ordre du Saint-Esprit, ensuite ministre des affaires étrangères, et qui, retiré du ministère, restait au conseil) mourut avec la plus grande piété. Il avait été élevé aux Jésuites ; après sa mort, on trouva sur sa poitrine les marques de son affiliation à cet ordre secret qu'il n'avait jamais confié et qu'aucun de ses gens ne savait. Voici en quoi consistait cette affiliation. On faisait serment, sur l'Evangile, 1° de contribuer de tout son pouvoir au maintien de la religion ; 2° de protéger l'ordre et tous ses membres en particulier, dans toutes les occasions où cette protection serait utile ou réclamée, et ne blesserait ni la morale ni les lois, 3° de dire tous les jours une prière particulière qui était très-courte, 4° de porter toujours sur sa poitrine un scapulaire, marque de l'affiliation ; et 5° de garder le secret de cette affiliation autorisée par le pape. D'un autre côté, on promettait à l'affilié tous les services et toutes les preuves d'affection qui pourraient lui être utiles dans toutes les situations et dans tous les pays; enfin il participait à toutes les prières faites pour les membres de l'ordre, et à toutes les indulgences accordées par le pape. (*Mémoires de madame de Genlis*, t. II, p. 140 - 141. Paris, 1825.)

# TABLE.

## QUATRIEME PARTIE.

Lightning Source UK Ltd.
Milton Keynes UK
UKOW010729300912

199825UK00006B/271/P